伝説のスパイス

本多正克

文芸社

献辞

最大の理解者であり最大の支援者である両親、私のわがままな人生を見守ってくれる義兄・姉・兄・義姉、常に暖かく支えて頂いている最大の協力者である田中家の皆様、とくに昌子には言い尽くせぬほど感謝している。これからの人生も大きな花を共に咲かせていこう。

私の感謝はまだ続く。小さい頃から私を優しく見守って下さっている親戚の方々、長野のお祖父さん、長崎のお祖母さん、西永家、本多家の皆様、私に勇気と知恵を教えてくれた先生方、その他この本に関わった多くの皆様に感謝し、この本を捧げる。

陰ながら応援してくれた友人にも感謝したい。一緒に悩み喜びを分かち合える私の友人は最高の財産だ。これからも皆と喜怒哀楽を分かち合いたい。

Also, I would like to dedicate this book to my friends, my professors, and the people who have supported me in the U.S.A. Especially, I would like to say thank you to Jerry Qiu who has gave me lots of kindness and Master Katz who has taught me martial arts and spiritual strength in NY.

はじめに

時代は確実に変わりつつあります。

大変革期である現在は、ますます「見えざる資産」が重要となってくるでしょう。これからは良くも悪くも「見えない」という不確実性が最も重要な指針になってくるのです。実際には「見えない」のではなく、「見えづらい」といった方が正確かもしれません。

現実の社会を見てください。教育現場では偏差値という数値よりも一人一人の創造力や個性を伸ばす方が重要であると気づき始めました。また会社を見れば土地という資産を購入することよりも、強力な人財力やブランド力の方がより経営にプラスになる事に気が付き始めたのです。さらに、ボーダーレス社会やネットワーク社会など、従来の方法では測定できない社会が確実に到来してきています。

私は仕事柄、サービスに関する情報を収集しています。これらの情報は、金銭でもなければ物品に関する事でもありません。まさしく「見えない価値」なのです。

その中でも特に重視しているのが、私達の極秘調査員の報告書です。彼らは、常にどこかのお店などを内密に利用し、日々サービスの調査をしています。極秘調査員は、たくさんのサービスを体験し、情報を収集してくれます。彼らのお蔭で、「見えない時代」を勝ち抜く条件を数多く発見する事ができました。

この「伝説のスパイス」には、見えない価値を最大限活用するための簡単な助言がいくつか出てきます。シンプルなこの老人の助言をうまく利用するだけで、必ず経営に大きく貢献できるものと確信しております。また、ストーリーは経営に焦点が当てられていますが、私たち個人の生き方にもあてはめられるでしょう。

物語に出てくる老人が何度も言う、スパイスの活かし方が重要です。しかし、物語に出てくる事を真似れば成功すると考えるのは避けるべきです。なぜなら、あなたと物語の人物は全く異なりますし、あなたのお店と物語のお店もまた違うからです。

私たちの研究では、成功している会社はだいたい一つ以上のスパイスを必ず持っています。それは大企業だけでなく、一人で経営しているSOHO、中小企業などにも当てはまっているのです。

よくお店を改善したいが何から手をつけたらよいのか分からないという店長や経営者の

話を聞きますが、そんな時はスパイスで取り上げている原則を真剣に取り組むことも一つの方法だと思います。

「見えない」または「見えづらい」という特異性から、「見えない」部分が大きくなるにつれて、分かりにくい印象や理解しにくいという感情が芽生えるのも事実です。その結果、従来型の個人の生き方や経営の在り方からすれば、非常に頼りなく思えたり、見えるものがないため中途半端な人または会社と考えられることもあります。しかし知識社会の発展は、まさに「知」や「心」といった「見えない」部分こそが勝負となるのです。

限りないパワーを秘めた「見えない資産」の追求こそが、個人や経営をより先鋭化するはずです。本書では、サービスが見えない資産の代表でもあることから「サービスが変われば売上が変わる」を副題としました。「伝説のスパイス」が少しでも皆様のお役にたてるのであれば幸いです。さらにこういった種類の本では初めての試みであろう特別付録の小説もまた、皆様の心のスパイスとなれば、筆者にとってこれに優る喜びはありません。皆様の成功を心より願います。

二〇〇二年三月一五日　本多正克

伝説のスパイス

目次

第一部　「伝説のスパイス」

プロローグ

一〇〇年前には考えられなかった事が、今現実として起こっている。目覚しい勢いで世界は変化している。最近の自動車などは、実際は金持ちしか持てないものだが…、まさにその典型だ。ハンドルと呼ばれるものを右に左にと人間が回し、足で進めや止まれをコントロールするだけで、なんという速さで人を運ぶことだろう！

そう、常に時代は変わるのだ。そして人々の考え方も変わる。誰もが同意することだろう。しかし、一方で、不変的な事があるのも事実なのだ。隣に住むワーデル一家の、朝の体操のように…。

しかしより重要なのは、昨今学会で議論されていることだ。そう、商売に原理原則はあるのか、である。無論、自己啓発的な成功論は無数にあるし、近年急速に重要性を増してきた経済学を駆使すれば、成功に近づくかもしれない。しかし、問われているのは、良い商品と言われているものを提供しているからといって、必ずしもすべてのお店が繁盛してはいないという事実である。それはなぜか？　その答えを様々な学者が模索し、提示している。

大恐慌と言われ、人々の希望が失われている今、このような議論が起こるのも無理はあるまい。それにしてもこの問いに関して侃侃諤諤《かんかんがくがく》の議論がなされている。中には、統計と呼ばれるものを一字一句調べ上げる者や自分でお店を開き原則を掴もうとする者まで現れた。さらには、こんな議論など無意味だと言い、学会を去った者もいる。

多勢の結論はこうだ。

「経済学や販売学などの学問を駆使すれば、ある程度の原理原則を維持できる。しかし、完全で不変的な商売の原理原則などはないはずだ」

実際私も今までは、そのような原理原則などはないと断言してきたのだ。そのためには様々な実験や調査もしてきた。この話を聞く直前までは…。

今私は、ニューヨークのソーホーにある、とある古風なカフェでこれを書いている。と言うより、厳密には、興奮状態で私は書かされているのだが。今さっき私は、帰国した。この驚くべき事実について、私の記憶が鮮明なうちに、すべてを書き写してしまわなければならない。

私は「急がず休まず」の名言を残したあの偉大なゲーテの没後一〇〇年目の今日、一九三二年にここに居る。しかし、私の役目は、恐らくこの文章を読んでくれるであろう未来の子孫へ向けて、この事実を知らせることにある。

私にはくどくどと自己紹介をしている暇などはない。とにかくこの文章を書き上げ、未来の子孫がこの文章を発見してくれるのを信じるだけだ。なぜなら、私は、信じられないかもしれないが、「伝説のスパイス」の一部分をついに知ったのだ！

無論、今私が学会で発表したとしても、多くの反対勢力が、この事実を根こそぎ抜き取ってしまうだろう。なぜなら、この話を支援するための資料もなければ証拠もないのだから。それにしてもこの世はなんと多くの否定派で支配されていることだろう！

今読んでいる私の子孫達よ！　私のこの話を信じて欲しい。これから述べることは、あなたの時代でさえ、信じることは出来ない事実かもしれない。なぜなら、この話には証拠もなければ資料もないのだから。しかし、私は思うのだが、時として人を信じることも重要なのだ。どんなに矛盾があろうと、どんなに頼りにならなそうに見えても。

どんなに非難を浴びようと書き上げよう。必ずあなたの役に立つことを信じて。

そしてあなたがたの成功のために！

私は小さい頃、お祖父さんからこの「伝説のスパイス」を聞かされた。しかし、お祖父さんはいつもこの話をする時には、「聞いた話だがね」と最後に付け加えた。

私が奇異に感じていたのは、この話が何通りもあることだ。まるで、歌の数のように。

普通、伝え話というものは、一つのストーリーで、まあ地方では多少話がいじられることもあるかもしれないが、それでも一定の枠内で話されるのではないだろうか？

最初はそんな些細な疑問からだった。私は出来る限り、その「伝説のスパイス」についての情報を集めた。すると、面白い事実にぶつかった。それは、誰一人として同じ内容を言わなかったのだ。その不思議な話が、よりいっそう私の感情を高ぶらせたのだ。

そして私は、経済学の研究をしながら世界を旅してきた。そして事ある毎に別の研究を探求してきたのだ。そう、伝説のスパイスの真実を掴むための研究を。ある時は、ペルーの山奥まで入っていき、またある時は、日本の富士の山へ登ったこともある。

そして私は遂に！「伝説のスパイス」を手に入れたというある老人に出会ったのだ！今から記す内容は、そのスパイスを手に入れた老人から聞かされたことである。私はメモを取りながら書いたが、最初自分の耳を疑った。

「あなたは、もうスパイスを見つけたのかい？」

私がこんなに苦労してこの老人にたどり着いたというのに、「もうスパイスを見つけたのかい？」と確かにこの老人は聞いたのだ！

さらにその老人は、スパイスなど持っていないと言い放った。私が、騙されたと思い、消沈して帰ろうとしたとき、さらに老人は言った。

「いいかい。あなたが探しているスパイスは確かに存在する。しかし、そのスパイス自体には価値がないのだ。重要なのはそこに記された言葉と、それをどう活かすかのあなたの知恵だ。では、そろそろ真実の物語を話そう」

そう言って、少し目をつぶり、それから細長い目をゆっくり見開いて口を開いた。

以下は、私が旅先でその老人から聞いたことの内容である。そして、私が体験した内容である。これをもって、私の役目は終わりとなる。

一九三二年七月二八日

Dear my hope,
Jenny J.
Rust

一つめのスパイス

ここに毎日身を削る思いで卵を売っているクイン一家が居る。くる日もくる日も朝日が立ち上る前から準備をし、人が道を通る前から卵を並べている。

そんなクイン一家を周りの人達は、同情的な思いで見ている。しかしその思いとは違い、周りの人々は、その先にあるジョーンズ一家で卵を買うのだ。

それでも諦めずクイン一家は卵を売る。今日もいつもと変わらぬ作業をしていた。とはいっても、一日に売れる卵といえば一ダース程だが。

しかし、今日は違った。

太陽が高く昇った頃、クイン一家の売っている卵の前に一人の老人が立っていた。

「こんにちは」

クイン一家の働き者メアリー夫人は笑顔で言った。しかし老人はその挨拶が聞こえているのか聞こえていないのか、何も言わずに立っていた。しばらくその老人はクイン一家を狼狽させた。しかし、メアリー夫人はいつもと変わらぬ調子で、そのみすぼらしい老人に対しても、一人のお客様として丁寧に尋ねた。

「何にいたしましょうか？」

その時老人は、一瞬微笑んだように見えた。そしてぽつりと言った。

「あなた方は、働き者だ。でも、スパイスが足りない」

そう言い、小さなビンを差し出した。

「これは何ですの？」

メアリー夫人は、不思議に思いながらも、何か引き付けられるその小さなビンを受け取った。

「これは何かだって？　スパイスじゃよ。あなた方をきっと幸福にするものじゃ」

そう言い、その老人は立ち去った。

クイン一家は、訳もわからずにいた。しかし、そのわずか五センチほどの透明なビンの中が、光を放っているように見えた。そして、その訳も分からない物体が、非常に魅力的に見えてきた。メアリー夫人はそのビンに引き込まれるかのようにビンのふたを持った。

開けようとしたその瞬間、たくさんの卵を運んでいるジョーンズ一家のジリーが声を掛けた。

「やあ、クインさん。景気はどうですか？　こっちはうるさい客が多くて困っているよ。この間も、変なじいさんが来てさ。じーっと突っ立ってるもんだから、適当に一ダースの卵を差し出したんだ。そしたらどうだい？　ここは何を売っているんだい？　だとよ。どうだい？　変なじいさんだよ。そう思わないかい？」

メアリー夫人は、さっき来た老人だと思った。そして、ジリーに聞いた。

「それで、その老人をどうしたんですか？」

「そりゃ、追い返したさ。こっちは忙しい身なんだってね。あんたの世話をしている暇はないよって。そしたら、その老人は、去っていったよ。それも、すべての卵を買ってね！おかしなじいさんだよ。まあ、こっちは儲けさせてもらったがね」

そう言い、ジリーはおおきな腹をポンと叩いて笑った。そして、まだ仕事が残っていることに、ふと気づいたように去っていった。

その日の夜、クイン一家は、何事もなかったように次の日の準備をしていた。

メアリー夫人は、すっかり忘れていた小さなビンをポケットの中から取り出した。そして、そっとそのビンを持ち出し、ふたに手を伸ばした。そのビンには、次のような言葉が書いてあった。

スパイス一　お客様の声に耳を傾けなさい。そしてあなたの長所を見つけなさい。

メアリー夫人がふたを開くと、ビンの中からつーんとした匂いがした。彼女は、いまだかつて嗅いだことがないその匂いに驚いた。中を覗くと緑色の粘土みたいなものが入っていた。

メアリー夫人とその一家は、その匂いについてなんだかんだと言い合ったが、しばらくすると、そこに書いてある文章について考えるようになった。

「お客様の声に耳を傾ける？」

「長所を見つける？」

毎日毎日新鮮な卵を売ることだけを心がけてきたクイン一家は、お昼に来た老人が言ったことが気になった。

「スパイスが足りない…」

じーっと考え込んだクイン一家は、しだいにある考えを見つけた。


数ヶ月後、クイン一家は町でも有名な卵売り屋になっていた。そう、クイン一家はお客様の声に耳を傾け、今まで一ダースごとに売っていた卵を、一個ずつ売ったのだ。そして、お店の名前を「鮮度卵の一個屋さん」と、個性的な名前にしたのだ。

一方、ジョーンズ一家は、クイン一家に対抗するために卵をどんどん安く売った。しかし、儲けが出ずに、三ヶ月後に逃げるように隣町へ引っ越してしまった。

スパイス一

お客様の声に耳を傾けなさい。そしてあなたの長所を見つけなさい。

二つめのスパイス

コーヒー専門店を営むデイビットは、今日も最上級の豆をひいていた。デイビットの客は、彼の作るコロンビアスプレモブレンドが最高だと口々に言っていた。

お店のほうもそこそこの利益を出し、彼自身そんなに困ってはいなかった。彼はコーヒーが好きだし、お客様が喜んでくれるだけで満足だった。

なにも問題がないお店のように見えたが、ある日、突然彼を悲劇が襲った。

それは、太陽がかんかんと照りつける暑い日だった。デイビットは、コロンビアスプレモブレンドをアイスにし、一人の客に差し出した。そして、デイビットがもう一人の客の方へ向かっていこうとしたまさにその時、今さっきコーヒーを差し出した客が大声を上げた。

「なんだこれは！　見てみろ！　コーヒーにハエが入っているじゃないか！」

悲鳴ともとれるその甲高い声に、店内の客は一様にその客に視線を向けた。デイビットは一瞬何が起こったのだろうかと思い、戸惑った。そして、この事態を飲み込むにつれ、デイビットは次第に状況を把握した。

最近、近所のお店で頻繁に同じような事件が起こっていたのだ。それも、まったく今と同じような手口だ。ハエが入っていると文句を言い、新しいコーヒーを用意させる。飲み終わると、被害金としてそのコーヒーを無料にさせるということだ。

なるほど。あの客は、うちには一度も来たことがないはずだ。そうか、とうとう、うちの店にも来たのだな。よーし、捕まえてやると、デイビットは思った。

「お客様、当店ではその様なハエの入ったコーヒーなど一切出しませんよ」

「なんだって！　私の言うことを信じないのか！　もういい！　二度とこんな店来るものか！　よーく覚えていろ。このお店の悪評が近所中に伝わるのを！」

興奮しながら男は言った。

「ほーう。二度と来るものかだって？　あんたは、一度もうちに来たことはないはずだよ。私は、よく来る客のことはすべて知っているのだからね。それに、今警察を呼んだよ。だから、悪評は、残念だね、伝わる前におまえさんは捕まるんだよ！」デイビットは犯人を逮捕する興奮で大声になっていた。

しばらくして、警察が来た。そして警察の一人がすぐに言った。

「犯人の女性はどこですか？」

「いえ、女ではないですよ。あの男です」

そう言って、デイビットは男を指差した。

警察は驚きと困惑状態で言った。

「デイビットさん。この人は、コーヒー評論家のチャレットさんじゃないですか。それに、あの事件の犯人は女性ですよ」

その事件以来、ぱったりとお客さんは来なくなった。デイビットは、取り返しがつかない事態に愕然として、数日間呆然としていた。

それから半年後、デイビットは苦しい生活をしていた。しかし、一方、あの事件以来、デイビットは人が変わったように、たくさんの本を読んだり、ボランティアに参加したり、まるであの事件で犯した罪を自ら罰するかのように行動した。

そんなある日、約半年振りに客が来た。みすぼらしい老人だった。そして、コーヒーを飲み終わった後、老人はコーヒー代と小さなビンを差し出した。そして言った。

「あなたにもう一度だけチャンスをあげよう。このスパイスを使いなさい」

そう言って、老人は去っていった。

デイビットは、「チャンスをくれる」と言われ涙を流した。なぜだか、彼自身にも分からなかった。でも、この半年間、罪は彼の背中にどっしりと覆い被さっていたのだ。デイビットは、何者かも分からないその老人に感謝した。そして、その小さなビンをぎゅっと握り締めて、気持ちを新たにした。その小さなビンにはこう記してあった。

スパイス二　お客様を顧客でなく個客として歓迎しなさい。個客毎に対応策を講じなさい。

それ以来、デイビットは、ひとりひとりのお客様を本当の意味で大事にした。その人との会話を大切にし、趣味や嗜好を把握した。そして、次も来てもらえるようにほんの少しの割引券を渡した。同じお客様が十回来店すると次回のコーヒーを無料でサービスする券を発行した。

そういったデイビットの努力が実り、その老人が現れてから半年後には店は多くのお客様で賑わっていた。

スパイス二

お客様を顧客でなく個客として歓迎しなさい。個客毎に対応策を講じなさい。

三つめのスパイス

ここに一つの悩みを持った中年男性がいる。彼の名前は、スリット。彼は、野菜を売るお店をやっている。一言で言えば、どこにでもある八百屋だ。彼の悩みとは、そう、まさにその事だ。彼は、どこにでもある八百屋をこのまま経営していてもよいのかどうか迷っていた。

近くにはいくつも八百屋があるし、仕入れ先も同じなのだ。同じ値段に同じ野菜。お客さんも同じ顔ぶれだ。そんな状態なら、いっそのこと今流行りのランプの販売に切り替えた方がよいのではと考えた。

そんな悩みを抱えていたら、いい商売など出来るはずもなく、スリットは、もはや生きる屍となっていた。

そんなある日、彼に転機が訪れた。

彼のお店の近くに、彼の八百屋の三倍はある大きな新しい八百屋が開店したのだ。

スリットは、ますます落ち込み、そして嘆いた。

「なんで俺ばっかりこんな目に遭うんだろう」

その日以来、永遠に来てくれるのではないかと思った顔見知りまで、彼のお店には来なくなった。

ある日の夕方、彼は早めにお店を閉め、気を紛らわすためにぶらりと散歩をした。本当は、他の八百屋はどうしているのかが気になったのだ。

一軒目、二軒目、三軒目……。彼が思ったとおりの状況だった。お客様はぽつんぽつんと入っているだけだった。

やっぱりなと思い、帰ろうとした時、もう一店八百屋があることに気がついた。同じだろうと思ったが、暇つぶしに見に行くことにした。人々が大勢通るとは言えない、寂しい細い路地裏だった。

大通りからその路地裏に入ると、彼は我が目を疑った。たくさんのお客がいるじゃないか！　お店にはたくさんの箱がどっしり積まれ、どれくらいの量を売っているのか彼には推測できた。なぜだ。彼は何度も考えた。お店に入っても、なんら変わるところはないのだ。

お店の外に出た後も、近くで呆然として突っ立っていると、ひとりの老人とぶつかった。

「おっと、ごめんなさい」

その老人は、痩せた体をスリットの方へ向けながら言った。

「こちらこそごめんなさい。おけがはありませんか？」

スリットは言った。

「大丈夫じゃ。それより、あなたはなんでこんな所でボーッとしているのかね？」

一瞬、答えに詰まったスリットだったが、その老人の若若しいきりっとした目に引き込まれるように事情を話した。

うんうんと分かったような分からないような仕草をしていた老人は、スリットの話を聞き終えると、こう言った。

「なるほど。そういうわけか。あなたもスパイスが足りないのだな」

そう言って、小さなビンを差し出した。

「まー、役に立つか立たないかはあなた次第じゃが、持って帰るとよい」

老人はそう言うと、なにかを思い出したかのように去っていった。

スリットはその小さなビンを自分の目の高さまで持ち上げた。

スパイス三　表情豊かなお店になりなさい。

たったそれだけだった。スリットは、老人の言ったことを思い出した。

「役に立つかは、あなた次第」

それから自分のお店に戻るまで、スリットは表情豊かなお店についてばかり考えていた。

一ヶ月後、スリットのお店の評判は口々に広まっていった。彼は、お店に大きな大きな手書きのロゴを作り掲げたのだ。それは、お客の話題には充分だった。さらに、半年に一回すべての顧客に向け電報を打った。ここまでやるお店はなかったので、すこぶる評判が良かった。

そして、一年後には評判を聞きつけ、隣町からやってくるお客まできた。

スリットは、そこで努力を怠らなかった。毎月ロゴの手直しと掃除をした。ロゴの新鮮さは、野菜の新鮮さを連想させ、さらにお客を呼んだ。

スパイス三

表情豊かなお店になりなさい。

四つめのスパイス

レストラン「ピカーデ」を開いてからもう五年が過ぎようとしていた。キャサリンはお店の誕生五周年記念の準備に取り掛かっていた。

「さあ、急がなくっちゃ」

そうつぶやきながら、そそくさと行動していた。

「すみませーん」

奥の方からお客が呼んだ。

「はいはい。今行きますよ」

「あのー、お塩頂けます？」

他の客が言った。

「はい。ちょっと待ってくださいね」

キャサリンは、夫が体調を崩し寝ている間中、ひとり二役を演じていた。

それでも、味には自信を持っていた。夫婦で調理師の免許を持っていたし、コンクールでも何度か賞をもらったことがあるからだ。

「ごちそうさま。お勘定を！」

奥に座っていた男が言った。

「はい。ありがとうございます」

「いやー、ここの料理は本当にうまいなあ」

そう言って男は、お金を払った。そして、続けた。

「それにしても忙しいですな。夫婦でやっている時でさえ、お客の私が動かなきゃならなかったのに。あなた一人では大変でしょう。私が料理を作りましょうか？　わっはっは。いや、忙しくて羨ましい。わっはっは」

その男の笑いがお店の中を和やかにした。

いつものことだと思い、キャサリンも笑った。

たくさんのお客にたくさんの笑い。最高だわ、とキャサリンは幸福感に浸っていた。

それから一週間、キャサリンは一人で働きつづけた。夫の身体の調子がなかなか治らないのだ。それでも、お客は絶えることなく来た。そして、いつものジョークと笑いで賑わっていた。

その中に、一人の新しい客がいた。あんまりお金持ちとは見えないその格好は、周りの人の視線を集めるのに充分だった。それでも老人だからしょうがないか、という雰囲気が漂っていた。

「ごちそうさま。おいしかったなあ」

一言そういい、その老人は立ち上った。そしてレジまで行くと、キャサリンを呼んだ。しばらく待たせて、キャサリンがレジまで来た。

「お待たせしてごめんなさい。お楽しみ頂けました？」

キャサリンが言った。

「いやあ、本当においしかった」

そう言った後、老人は続けた。

「ただ…。もったいないのう。あなたのお店はもっと良くなる。スパイスが足りないのじゃ」

キャサリンは、なんと返してよいか分からなかった。それでも、味付けには自信があった、キャサリンは言った。

「そうですか…。これでも最高級のソースを使っているのですが……」

「いや、ソースは最高じゃ」

老人の一言に、キャサリンは何が何だかわからなくなった。彼女は、老人がいつもの客のようにジョークを言っているのかとも思った。それを見かねてか、その老人は言った。

「私は、料理についてどうこう言っているのではないのだよ。料理は最高じゃ。ただ、スパイスが足りないのじゃ」

そう言って、小さなビンを手渡した。

「これを活かしなさい。必ず、あなたのお店はもっと良くなるはずじゃ」

そう言い残し、微笑んでその老人はお店を後にした。

キャサリンの手の中にある小さなビンにはこう書かれていた。

スパイス四　きめこまかい心遣いで、お客様に驚きと喜びを与えなさい。

キャサリンは、はっとした。スパイスの意味を理解したのだ。

それからというもの、キャサリンは人が変わった様に対応した。お店の準備は、開店前に済ました。接客と料理以外の必要なことは、閉店後にやった。お店を開いている間は、お客様のことだけを考え、お客様の要望を満たした。というより、お客様が要望を言う前に、気がつき対応した。

お客様は、料理もサービスも最高だと言ってくれるようになった。

そして一ヶ月を要した夫の体調不良も順調に回復し、夫婦でお店を繁盛させた。

スパイス四　きめこまかい心遣いで、お客様に驚きと喜びを与えなさい。

五つめのスパイス

デニーは二人のアルバイトの助手と二人の正社員の理容師を雇うボスだった。デニーは美容室を十年経営し、それなりの知名度もあった。

それでもデニーは助手と理容師に対し、それほど良い感情を抱いてはいなかった。また解雇し、新しい助手と理容師を雇おうかと思っていた。

それは、三日ほど前のことが原因だった。

いつもと同じようにお客様の髪を切っていたデニーは、助手のおしゃべりにがまんならなかった。

「おい。少しは静かに出来ないもんかな」

五分ほどは静かになるのだが、また助手同士話し始めるのだ。デニーはイライラし、助手だけでなく理容師の二人にも怒った。

「おい。お前達も注意したらどうだ」

すると、理容師の一人が言った。

「私の仕事は、お客さんの髪を切ることであって、助手を怒ることではありません」

それ以来、デニーは事ある毎に助手を怒り、理容師の二人を叱咤した。

「まったく、あいつらは、なんてばかなやつらなんだ。いくら言っても聞かないし」

その日の夜、デニーは理容師を解雇した。同時に、新たな助手と理容師を雇った。そして、その事件後一週間して、助手と理容師を解雇した。デニーはぼそぼそと文句を言った。

デニーだったが、すぐに昔の状態になった。まったく、どいつもこいつもしょうがない奴らだ、そうデニーは思った。

するとお客である老人が言った。

「浮かない顔をしているね。大丈夫かね。よく分からんが、人間の喜怒哀楽というものは、誰にでもあるものじゃ。今のあなたにもあるように。けれど、あなたの周りの人にだって必ずある感情だよ」

そう言って、その老人は微笑んだ。

帰り際に、その老人は小さなビンを取り出して、デニーに渡した。

「これは変わったスパイスじゃ。これを活かしなさい。活用しなさい。きっと、助けになるはずじゃ」

そう言って、ドアから姿を消した。

デニーは、そのビンを見た。ビンには次の言葉が記されていた。

スパイス五　周りの人間は、あなたにはなれない。しかし、あなたのように活躍することは出来る。人を育てなさい。彼らのために適切な環境を用意しなさい。必ず、お店を助けるだろう。

デニーには、この言葉を吸収するには時間が掛かった。それでも、従業員に対して以前のような扱いを止めた。

デニーは、まず従業員の意見を聞いた。彼らは、自分にチャンスをくれないことに不満を抱いていた。どんなに良い仕事をしても誉められないことに不満を抱いていた。

デニーは、従業員の意見を聞いて驚いた。なぜなら、彼らは、やる気も能力もないばかだと思っていたからだ。

それ以降、デニーは、自由に意見を言い合える環境を作った。そして、努力する者にはそれなりの恩恵を与えた。さらに、様々な学問書を取り揃え、従業員に無料で貸し出した。

人を育てることは、時間がかかった。

二年が過ぎる頃、デニーは、五店舗目の美容院を開店した。優秀な従業員のおかげで、デニーは店舗を任せることが出来た。そして、あれから三年目の春、美容院としては最高の名誉である美容最優秀賞に選ばれた。

スパイス五

周りの人間は、あなたにはなれない。しかし、あなたのように活躍することは出来る。人を育てなさい。彼らのために適切な環境を用意しなさい。必ず、お店を助けるだろう。

六つめのスパイス

安売りスーパーを開こうと、準備を進める若い男がいた。彼の名前は、フードリッヒ。彼の二十代の頃からの夢だった。その開店資金が集まった彼は、少しだけしわも出てきた三八歳だった。

開店準備を進め、従業員やパートに指示を出し忙しい日々を過ごした。彼自身は、大学院も出て販売学を勉強した。それに、スーパーの事も研究し、自信があった。

開店当日、彼は従業員やパートを総動員し、すべての準備を済ませた。彼の経験や販売学の知識を最大限に使いこなし、品質の管理や仕入れ、それに商品の並べ方まで万全にした。

結果は無残だった。

総動員した従業員とパートの大半は、掃除をしたり、何度も商品を並べ替えたりして時間を潰した。

何がいけなかったのか？　彼は、それればかり考えていた。商品も新鮮だし、従業員にも徹底した訓練もした。彼には、まだ原因が分からなかった。それから数日しても、あまり状況は変わらなかった。母親に連れられて来た子供達は、走り回り喜んだ。フードリッヒは、お客さんも喜んでくれていることを知っていた。なぜお客が来ないのか、彼には分からなかった。

そんなある日、九十近い老人が、入ってきた。お店を見渡すと、今度は一つ一つ商品を手に取って見た。それが終わると、従業員の行動を眺め、うなずいていた。

あのご老人は何をしているのだろう？　フードリッヒは、思わずその老人に近寄り、尋ねた。

「あのう、何かお探しでしょうか？　もしよろしければ、私が一緒にお手伝いさせて頂きますが？」

フードリッヒはそう言いながら、背中がピッシリと伸び、力強いエネルギーを放つその老人に微笑んだ。

「いやあ。ちょっと、お店を見るのが好きなものでね。あなたが店長さんかい？　ほう、若いのだなあ。それに、良いお店だ。新鮮な商品、きれいな店舗、それに教育された従業員。どれをとっても、一流じゃな」

「ありがとうございます」

と言いながら、フードリッヒは、この人はただ者じゃないぞと感じた。

「そうそう。あなたにこのスパイスを差し上げよう。死に行く老人の願いだと思って、受け取りなさい。ただ、どう活かすかはあなたの自由じゃ」

そう言い、小さな五センチほどのビンをフードリッヒに手渡した。すると、老人は、用が済んだかのようにさっさとお店を出ていった。

そのビンには、次の言葉が書いてあった。

スパイス六　集客、集客、そして集客。そのためには、正攻法と奇策をバランスよく使いなさい。

フードリッヒは自分の失敗の原因を的確に把握し指摘した老人にハッとした。そして、急いでその老人を追いかけた。しかし、老人の姿はどこにも見当たらなかった。

フードリッヒは、数日間老人を探したが一向に見つからなかった。どうしても気になり、探偵を雇った。しかし、一週間経っても一ヶ月経っても、探偵から連絡は入らなかった。

フードリッヒは、その老人のくれたスパイスを眺め、感謝とともに新たな闘志を燃やした。

フードリッヒは、正攻法として電話帳や地域新聞に積極的に広告を出した。さらに、奇策として独自で考え出した突発カードを街で配った。このカードは、そのカードを貰ったその日のうちに、フードリッヒスーパーで商品を買えば、さらに割り引かれるというものだ。そして、お店に来た子供達へ飴の配布をして、子供も来たがるスーパーとなった。

三ヶ月も経つと、どんどんお客様が入ってきた。もともと他のところは一流だったこのスーパーは、お客様の絶大なる支持を得た。

スパイス六　集客、集客、そして集客。そのためには、正攻法と奇策をバランスよく使いなさい。

最後のスパイス

「私も年をとったのう。これで、私が覚えているスパイスはすべてじゃ。その他にもあったはずじゃが、後はあなたが探しなさい」

そう言って、その老人は、物語を語るのを止めた。

私は、その老人が語った事を必死に書き留めた。腕が疲れ、もう限界だと思っていたのを、その老人が感じたのだろうか。

私は「伝説のスパイス」の六つを今ここに書きとめた。

「伝説のスパイス」を未来の子孫達は知らないかもしれない。それゆえ、「伝説のスパイス」の伝説についても私は記さなければならないだろう。

「伝説」と呼ばれるには訳がある。まず、第一にこのスパイスの話が世界中で語られていることだ。私が調べたところによると、西洋だけに留まらず、東洋にも伝わっていることだ。誰がなぜ広めたのか？　答えは誰にも分からない。

第二に、「伝説」のそのスパイスは、必ずしも幸福の結果をもたらしていないことにある。それは、一歩使い方を間違えると、とんでもないことになるそうだ。まさに、スパイスの活かし方が重要なのだ。うわさでは、あの上場企業の六つの会社がまだ小さいとき、「伝説のスパイス」を持った老人が現れたと聞く。しかし、どの企業もその話を否定している。

そして、第三に「伝説」のその小さなビンは、未だに見つかっていないことだ。これは、私も調査中である。

「もういいかね？」

その老人は言った。

「他のスパイスについては、思い出せませんか？」

「もう歳だからのう」

そう言って、その老人は下を向いた。

それでも、その老人からは力強いエネルギーが発せられていた。こちらが圧倒されるほどだ。これが、東洋で言う「氣」なのだろうか？

「あのう。一つ質問をしてもよろしいでしょうか？」

私が言った。

するとその老人は

「何かね？」

と一言だけ発した。

「あなたはなぜその話を知っているのですか？　それも六つも。そしてあなたはどんな人生を送ってきたのか教えてくれませんか？」

すると、老人は笑いながら言った。

「質問は一つじゃないのかね」

「訂正します。二つです」

「そうじゃのう。なぜ私が知っているか。それは……」

その瞬間、遠くから大きな男がその老人を呼んだ。

「もうお時間ですよ」

息を切らせながらその大きな男は近寄ってきた。

「もうこんな時間か。悪いのう。そろそろ私は行かねばならない。あなたも『伝説のスパイス』とやらをがんばって探してくれたまえ。きっと、あなたなら見つかるはずじゃ」

そう言って、その老人は、大きな男に支えられるようにして去っていった。

私は、何か心の中で引っかかっていた。もしかして…。そんな事はあるはずはない。あの老人が？　私は自分が疲れているのだと思い、帰ることにした。

ホテルに戻り、シャワーを浴びた。そして、今私は、今日の事をまとめている。


私が今、驚きと興奮状態で書いていることを許したまえ。驚かずにいられようか！　今、たった今！　私の部屋に、私の部屋にだ。あの「伝説のスパイス」が、そう、届けられたのだ！　分からない。宛名も何も書いていない。今、私は、これを書きながら、封筒を開け、驚いた！　本当に五センチほどの大きさで、透明で、小さなビンだ！　あのフランスのエッフェル塔のような形をしているのだ。私は、今、これを開けてみようと思う。中は緑色で、ツーンとした匂いだ。日本の富士に登った時に、どこかで見たあのわさびと呼ばれているものに似ている。

そして、ビンには、小さく文字が何かで貼ってある！

最後のスパイス　常に気持ちを前向きに。スパイスはあなたの心にも存在する。新たなスパイスを見つけなさい。それを、世の中に役立てなさい。

決して、笑顔は忘れずに。

私が、これを持って学会で発表したら信用するものはどれほどいるだろうか？　あなたにも考えて欲しい。

私がなぜ、あなた達にこれを残すのかを。

「伝説のスパイス」は存在する。

一九三二年六月一九日

Dear my hope,
Jerry J.
Rust

第二部　「『伝説のスパイス』の使い方」

二〇〇二年一月

私がその本を見つけたのは、国立国会図書館で本の整理をしている時だった。ちょうど品質管理関連の本を片付けていると、誰かに見られているような感じがした。私はいったんダンボールの山から離れ、気になる方へと向かった。すると、一冊の本に引き込まれるようにして、ふと私はある本を手に取った。

その本は小説なのか、ビジネス書なのか、私にはよく分からなかった。数日間をかけて仕事の合間にとにかく読んでみた。しかしその内容がどれ程のものかなんて、経営学などと無縁な私にとっては理解できなかった。それでも図書館の職員として、この本の存在は気になった。いったい誰がどのような経緯で書いたのだろう？　そしてこの本の中の老人は、本当に存在したのだろうか？　なぜここに置かれているのだろう？

それから数日たったある日、私はその本を借りた。そして昔からの知りあいで、今はある程度、名の知れた経営者となっていた友人にその本を見せた。

経営者（以下経）「まあ、言っていることは誰でも知っていることだと思うよ。ただ当然のことを並べ、書いているだけだろうね」

図書館職員（以下図）「そうなんだ…。でも何か気になるんだ」

経「でも確かに、あの本の中のスパイスは今でも通じるよ。まあ、想像力のある作家だったのだろう」

図「え？　そのスパイスって、今でも通じることなの？」

経「まあね。今盛んに言われているよ。お客様がすべてを決める時代だって。大量に生産して、とにかく売れという時代が過ぎて、お客様一人一人との関係を大事にせよってね」

図「この本の人、そういえば商売の原理原則を探していたんだよね。そして、学会で発表しても信じてもらえないとも言っていた」

経「そんなの今の時代じゃあ、もっと信用できないだろ。あんまり深く考えるなよ。お前の悪い癖だな。まあ、本を好きで図書館の職員になったのだから無理もないかもしれないな」
図「そうだね。ところで、会社ではその原則みたいなのは実行しているの？」
経「今の時代、そんなに悠長なことやっているところはダメじゃないか。俺のところは、その本で言っている原則とやらよりずっと奥深いことをどんどんやっているよ。そうじゃないと、この環境変化の早いビジネス社会では生き残っていけないいんだよ」
図「大変だね。奥深いことって、どんなことやっているの？」
経「そうだなあ。まあデータマイニングによる統計分析とか、インターネット広告、バランス・スコアカードとかね。他の会社では、キャッシュフロー経営だとか、ナレッジ・マネジメント、サプライチェーン・マネジメント…。まあ、例をあげればきりがないな」
図「自分はよく分からないけど、やっぱりそういうことをやると成功するの？」
経「どうだろうね。うまく使えば効果はあるんだろうけど……。でもほとんどの会社は、こういった言葉に投資して失敗しているけどね」
図「そっかあ…」

経「ああ、そうだ。この間ビジネス促進研究会というのがあったんだ。その時一緒になったテンプル大学日本校で経済学を教えているジョンという日本語に堪能な先生と仲良くなったんだ。今度また会うから、その時にこの本の内容について聞いてあげるよ」

そう言い残して、友人と別れた。

それから二週間ほどして、友人から電話が入った。

そして次の日のお昼に、友人とジョン先生と私は会って、あの本の話をした。

先生（以下先）「読ませて頂きましたよ、あの本」

経「俺が無理やり読ませたようで、申し訳ない」

図「なんだか悪いですね。私の気になる本について、わざわざ時間を割いていただいて」

先「いえいえ。面白かったですよ」

経「俺もあれからよく考えたけど、もしかしてあの作家は、時代とともに現れては消えていく、流行りの情報に流されない経営を提言していたんじゃないかなあ」

先「今日この本について話し合うだろうと思って、私も少しばかり調べてみました。何かお役に立てればと思うのですが。調べてみると、面白いことが分かったのです。この本を書いた作者が誰だかわからないことと、その作者が最後に手に入れたスパイスも見つかっていないのです。アメリカの出版社を探して尋ねたのですが、出版社自体がすでに存在していませんでした。それよりも読んで驚いたのは、この本がサービスについて書かれたものではないか、と思えることです」

経「それはないでしょう。サービスなんて概念は、その当時はまだ確立されていないでしょう。日本だって、最近やっとサービスについて騒がれ始めているだけですよ」

先「でも、あの本に書いてあることをよく吟味すると、サービスを提供する会社にとっては重要なことばかりです。見えない資産をどう表現するのか、その点においてあの本が答えているようなのです」

図「そうなのですか。とすると、今の社会にも通用すると？」

経「サービスなどの見えない価値について、と考えれば通用するな。確かにあの本の指摘を実行すれば、より個性的で独自性のあるサービスを提供できるかも知れないな」

先「そうです。簡単な言葉で書いてありますが、あのスパイスはきっと相当な研究の上に成り立っているはずです。よく言いますよね、簡単なことを難しい言葉で説明するのは比較的簡単だが、難しいことを簡単に説明するのは難しいって」

図「そうですね。私は経営とかよく分からない人間ですが、それでもこの本は全部読みました。ビジネス書としての質は分かりませんが、素人である私でも言っている意味はわかりました」

先「今の時代、サービスするのは当り前という風潮がありますね。だから、お店とかもサービスを無料なものと決め付けて、ただ何となくサービスをしています。私もずっとこのことに関しては、考えていました。しかし、サービスもそろそろ本物の時代に入るべきでしょう。サービスとは何か?という根本から考え、より深く提供するべきでしょうね」

経「そうですね。サービスを提供するのには、ある意味お金は必要ありませんしね。これからが本当のサービスが試される時ですね。口コミマーケティングだとかワンツーワンマーケティングとか、自分の会社もそういった流行りに左右されてきた。他の会社がやっているから、うちもやらないと置いてきぼりになるという、何か強迫観念のようなものがあった。それに、やっていれば最先端にいると勘違いしていたのも事実だな」

先「そう、色々なシステムやノウハウが開発されている。でも、お客様から見ればそんなのは関係ないのです。お客様は、お店に来て、利用して、気分よく過ごせればよいのですから。もっと原点に戻らなければ、今は経営語が一人歩きしてしまっていますね。そう考えていくと、本当にお客様主体の経営が実践されているところはほとんどないかもしれませんね」

図「私はただ、お店で物を買ったりサービスを受けたりするだけですが、やっぱり気持ち良く過ごせたなあと認識できるお店が一番だと思いますよ。あまり情報過多になって、電話を何度もかけてきたり、DMをじゃんじゃん送ってきたりするのっていやですよ。それに無愛想にされるのも雰囲気が悪いですよね」

先「そこが重要なことじゃないでしょうか。お客様が望んでいることは難しいことではないのです。あいさつ・雰囲気・品質・清潔感…、そういった基本的なことのはずです」

経「お客様の望んでいることとお店を運営する人の気持ちの差が大きいってことだね」

図「伝説のスパイスをサービスの向上に役立てることが出来れば、効果は大きいのかもしれませんね」

先「たかがスパイス、されどスパイスだね」

私たちは伝説のスパイスという本が、サービスについて書かれたもので、サービスを改善するための指針となるだろうという結論に達し、別れた。

きっといつかこの本が見なおされる日が来るかもしれないな、と思いつつ本を返却した。

〈完〉

教訓

伝説のスパイスは、サービス改善の指針となる。

第三部　「サービスが変われば、売上が変わる」

サービスとは?

さあ「伝説のスパイス」を読んだ後、あなたは実際にどのように利用するだろうか?
読者の中には気づかれた方もいらっしゃるかもしれないが、**すべてのスパイスは目に見えない事柄に関しての物語**なのだ。そう、物ではなくサービスについての話だ。「伝説のスパイス」からは様々な使い方を学べると思うが、ここではサービスという観点から利用方法を模索していこうと思う。

あなたが今、あるレストランへ入るのを決めたとしよう。ちょっとオシャレで、一人で時間を費やすにはもってこいのお店だ。あなたは、ドアを開ける。中に入ってあたりを見渡す。さあ、あなたは次に何を期待するだろうか?

もし次に起こる出来事が、ただ忙しい従業員の足音だけであれば、あなたはきっとがっかりするだろう。呆然とその場に立っているあなたは、怒りすら感じる時もあるだろう。妙に孤独に思えるのは、私だけではないかもしれない。

しかし、あなたが入ってきて辺りを見渡したその時に、「いらっしゃいませ」と一言あれば、あなたはとりあえずほっとするかもしれない。さらに、すっとあなたの方に来て「いらっしゃいませ。お一人様でよろしいですね。禁煙席と喫煙席のどちらになさいますか？」と尋ねられれば、あなたは一応合格点を付けるかもしれない。

つまり**サービスとは、お店側からしてみればあなたに対する気遣いと優しさであり、あなたにとっては気分良く時間を過ごせたという認識**なのだ。

考えてみて欲しい。あなたが旅行へ行った時のことを。友人と飲み会をした時のことを。カフェに行ったこと、遊園地へ行ったこと、修理を頼んだ時、電気屋へ行った時…。せっかくお金を支払ったのに、サービスが悪かったためにがっかりしたことがあるのではないだろうか？　反対にお金の価値以上に得をした気分になったこともあると思う。

サービスの動きを捉える

日常生活を通じて、あなたは必ずサービスを体験しているはずだ。そして、その中には良い思い出もあれば、文句を言って帰ってきた経験もあるかもしれない。

これほどまでにサービスというものが、我々の購買決定や感情に影響を与えるにもかかわらず、あまりにもサービスの評価基準がなさ過ぎはしないだろうか？

そんな疑問をいだきながら、私は日本をはじめアメリカ、ヨーロッパ全土の様々なお店を歩き回った。実際にお店に入り、一人のお客としてお店を利用したのだ。ホテル、カフェ、スーパー、ディーラー、コンビニ、レストラン、旅行、病院、配達、ファストフード…などなど。多種多様なお店に入り、実際に利用した。当然、ただお店に入って見ているだけではサービスを体感出来ない。それゆえ商品を購入するところまで徹底した。一見無謀とも思える私の方法は、使ったお金以上の成果を私にもたらしてくれた、と思う。

私自身の経験だけでは、偏りがあるかもしれない。そこで、ごく普通にそのお店を利用していた人々にインタビューをし、情報を収集した。その他にも出来うる限りの調査を通じて、サービス評価基準を作成した。

会社は、損益決算書や貸借対照表を毎年必ず作成する。そこには会社の経営状況が反映され、第三者から見ても客観的にその会社の状況が判断できる。損益決算書や貸借対照表はお金の動きであるが、まさに同じ事で、サービスの動きを捉える仕組みを作り上げることが私の目的だった。

サービス高度化の必要性

ここで、なぜサービスの高度化が必要なのかを説明させて頂きたい。

現在、ものすごい勢いで世界が動いている。それこそ、世界中で見えない構造改革が起こっているのだ。おそらく、あと十年ぐらいでその変化が現れてくるだろう。その中の変化で、比較しやすい場所をあげると、アメリカ、中国、日本の三ヶ国である。アメリカはＩＴやバイオといった高度技術で今後も生き残るだろう。次に中国だが、キーワードは低賃金、生産、品質だ。これから急速に、世界中の企業は中国へ生産拠点をシフトしていくだろう。現に今、すでに多くの企業が中国へ生産拠点を移転している。

それでは、日本はどうだろうか？　もし万が一、中国に高品質な生産を取られ、アメリカにバイオなどの新技術で負けた時、はたして生き残る方法があるだろうか？　私は、必ずあると思っている。それは、次の三つだ。

(1) コンテンツ製作
(2) 高付加価値の技術
(3) サービスの高度化

コンテンツ製作は、ゲームやマンガといったものだ。この分野に関しては想像力豊かである日本は、これからの有力株と位置付けるべきだろう。次の高付加価値技術は、昔から日本人が得意とする職人技を発揮する分野だ。これは、ある商品にプラスアルファを加えて販売する技術で、小型化や軽量化もこの一つだ。また、環境分野やロボットの開発もここに入る。

さて、最後のサービスの高度化こそが、私がこれからの日本に重要だと思う一つなのだ。よくアメリカのサービスは日本より優れていると言われる。確かにサービス研究はアメリカの方が進んでいるように思われる。しかしお店同士のサービスレベルでは日本は負けていないと思う。むしろサービスレベルが高いと感じている。アメリカやヨーロッパでは、非常に優れたサービスを提供する会社が存在する一方、その他多くのお店では接客態度などにバラツキがある場合が多い。

サービスの高度化に対応出来るお店は、今後の社会でも生き残る確率は高いだろう。しかし、今のままのサービスで満足しているお店は、今後非常に厳しい時代を迎えるかもしれない。私はそのように見ている。

サービスシートとサービス会計

サービスの高度化に伴い必要となるのが、第三者が見ても客観的にサービスレベルを判断できる材料だ。それがサービスシートである。

ここではサービスシートやその詳しい作成方法は紙面に限りもあるので見ていかない。

ぜひ、機会があれば、サービスシートについての本も出版したいと思う。しかし重要なのは、なぜそのようなサービスシートが必要であるかだと思う。なぜについて説明させていただきたい。

戦後日本は製造業中心に栄えた。今現在も、製造業は重要な産業に変わらない。今後も日本の製造業は、付加価値を付けた製品により世界を旋風するだろう。

同時に発展してきたのが、会計というものである。歴史では十三世紀から十五世紀のイタリアの商人が初めて簿記を導入したと言われている。日本では、福沢諭吉がアメリカの簿記テキストを翻訳し、初めて簿記を紹介したようだ。それから時間を経て、一九四九年に「企業会計原則」なるものが発布された。このような流れの中、漠然と商品の販売量などを管理していたものが、より的確に、そして効率的に在庫を管理できるようになったのだ。また、会計により企業経営はより先鋭化し、日々の経営の動きを捉えられるようになったのだ。現在ではどの企業も財務諸表などの管理は必要不可欠であるのは、誰もが知る事実である。

さて、この簿記がモノを主体として発展してきたことに我々は注目した。現代では、サービス業にも何の不都合もなく簿記が適用されている。しかしそれは、サービス業で取引されているお金の動きであって、〝おもてなし〟などの目に見えない価値ではないのだ。

目に見えるものを忠実に数字として反映しているのが、財務諸表であるのであれば、目に見えないサービスはどうなるのであろうか？　サービスとは、何の価値もなく、資産とも負債とも言えないものなのだろうか？　実際には、サービスの質の良し悪しでお客様のリピート率も違うし、経営に非常に大きな影響を与えている。今後は益々、サービスが経営に与える衝撃は高まるばかりなのだ。

私たちは、お金の動きと同時に、目に見えないサービスの動きにも必ず価値があると考えた。そして、これからの社会はモノ社会から確実にサービス社会へ転換していくだろうと。であるならば、目に見えづらいサービスにも一目見れば理解できる〝サービスの動きを示したシート〟があるべきだと思ったのだ。

なにしろサービスというものは、目に見えないもの。お金を数えればよいという問題でもない。すると、お金に変わる何かが必要となる。そのお金に変わるものがサービスにおいては〝評価点〟となるのだ。ただの点数ではなく、お金と同じような役割をはたせるものが評価点である。

私たちは調査・研究を重ね、サービスが消費者の認識によるものだと理解するようになった。その消費者の認識に対して、お店や企業がどれくらい対応しているのか、これを評価点で割出すのだ。

さらにその後、消費者の認識と企業側の認識に第三者の認識が加わった。このような三方向の立場からサービスをチェックし、評価点を割出す。チェックされた評価点こそが、〝お金にかわるもの〟である。こうやって出来る限り正当な評価を下し、その結果をサービスシートなるものにうめていくのである。

出来あがったサービスシートは、分析もでき一般の会計と同じような役割を果たすことができる。このサービス会計を作り出すことによって、新たな時代を切り開くことが可能なのだ。

今まで会計というものが物質経済を牽引してきたように、これからはサービス会計というものがサービス経済を牽引していくのだと私たちは信じている。そしてこのサービス会計が、お店や企業をより高いレベルへ押し上げる効果があると実感している。

〝見えない資産をいかに高めるか〟をこれからの企業は真剣に考えるべき時がくるだろう。いや実際には、もうすでに新しい時代は始まっているのかもしれない。

サービス認定機関

これからの経営には、小手先のマーケティングではもはや通用しない。今では流行りのようにもてはやされている口コミのハウツーもまたしかりだ。こうすれば売上があがると言われ、同じようなことをやるお店は後を絶たない。私はそのような状況を危惧している。せっかくの良いお店が、短期的なブームに流され痛い目を見ているのには心が痛む。他のお店がやっているからといって導入するのは絶対に良くない。後ろ向きで、強迫観念に囚われたような経営は失敗する。確かに口コミは効果があるし、優れたマーケティング手法である。だが「口コミの広げ方」を学んだところで、消費者を思いのままにコントロールすることは出来はしないのだ。それは売り手側の論理であって、買い手側の論理ではない。消費者がすべてを決める時代では、まずは消費者に認められる経営を志すことが第一のはずだ。

そして、忘れてはならないのは**結果と、その結果を導いたプロセス（過程）を混同しないこと**だ。

たとえば、ディズニーランドを考えてみよう。行ったことがない人でも、ディズニーランドの盛況振りはご存知だろう。しかも、子供だけではなく大人まで虜にするサービスを提供している。他のサービス業者が同じことをしても成功するだろうか？　私は成功するとは思わない。なぜなら、ディズニーランドは、「夢を与える」という創業以来の強固なコンセプトの下、サービスを提供しているからだ。会社全体が「夢を与える」ことを追求している。そういった、なぜそれをやる必要があるのかといった理念やなぜそれをやるに至ったのかの過程がなければ、ただ他がやっているから取り入れる、ではサービスの質の低下や経費の増大を招くだけだ。

もしあなたがお店を経営されているのであればよく目を見開いて欲しい。短期的に売上をあげた後に何が起こるかを…。もしあなたがお店ではなく、人材に適用するのならもっと分かりやすいはずだ。

本当に売れる人材（企業）は人の真似などはしていないということを。

同じような事をして、あの人はすごいぞ、などと口コミで広がるはずがない。むしろ、周りから見て強烈な個性が口コミを広げるのだ。良くも悪くもそういったことが影響する。「口コミの広げ方」などの売り手側の論理では、これからの「見えざる時代」を勝ち抜くことは出来ない。

消費者がすべてを決める時代には、サービスの質が今まで以上に問われてくる。消費者も含めた三方向の立場が評価し、認めたサービスは、「見えざる資産」としてお店や会社の運営に大きなプラス効果をもたらすだろう。

当社では一〇〇〇項目以上のサービス評価質問表を持っている。これらを駆使し、サービスシートの作成、分析、サービス向上の提案を行っている。サービスを変え、売上を変えたいのであれば、気軽に私達に問合せしていただきたい。また、お店の責任者がいないときのアルバイト、パート、従業員のサービス度を測ることや、お店のサービスレベルを把握するだけといったサービス診断にも効果があるので、もしお手伝いすることがあれば著者プロフィールにある読者専用メールでお知らせいただきたい。さらに、当社の厳しい審査を通過した場合、サービス認定証を発行している。このようなサービス認定機関としても当社を活用していただきたい。

コンサルティングVSマーケティングVSサービシング

コンサルティングもマーケティングも非常に有効な手段である。本格的に取組むとなると資金的にも余裕がないと問題解決の依頼は出来ないと思うが、もし資金的に余裕があれば、コンサルティングもマーケティングも会社の成長に大きな貢献をするものだと思う。

会社の売上をあげることが、コンサルティングでもマーケティングでもサービシングにおいても、果たすべき一つの役割であると思うが、売上をあげるまでの道のりがそれぞれ異なる。

コンサルティングでは人・物・金・情報などについて多面的に分析し、会社の問題を解決して売上向上へと繋げていく。

マーケティングはマーケティングミックスなどを通し、商品やサービスを市場へ提供するための働きかけで依頼会社の売上をあげる。

そしてサービシングは、お客様の視点・会社内部の視点・第三者の視点から、お店の評価・分析・診断・改善をし、売上を向上させる。

それぞれの違いを一言で表現すれば、**コンサルティングは会社の立場から見て、マーケティングは市場の立場から、そしてサービシングはお客様の立場から見ている**ということである。左図を見ていただくとサービシングは螺旋《らせん》型で、一周するとレベルが一段階上昇することが分かると思う。

本来、これら三つはまったく分野が違うものであり、比べるものではない。しかし今回はサービシングというものが新しい概念であるので、分かりやすくするために比較検討の対象とした。また、金融業などにおいて、ローン債権や滞納ローンなどの督促や徴収のことをサービシングと呼ぶようだが、ここでいうサービシングとはまったく異なる概念であることも、お伝えしておきたい。

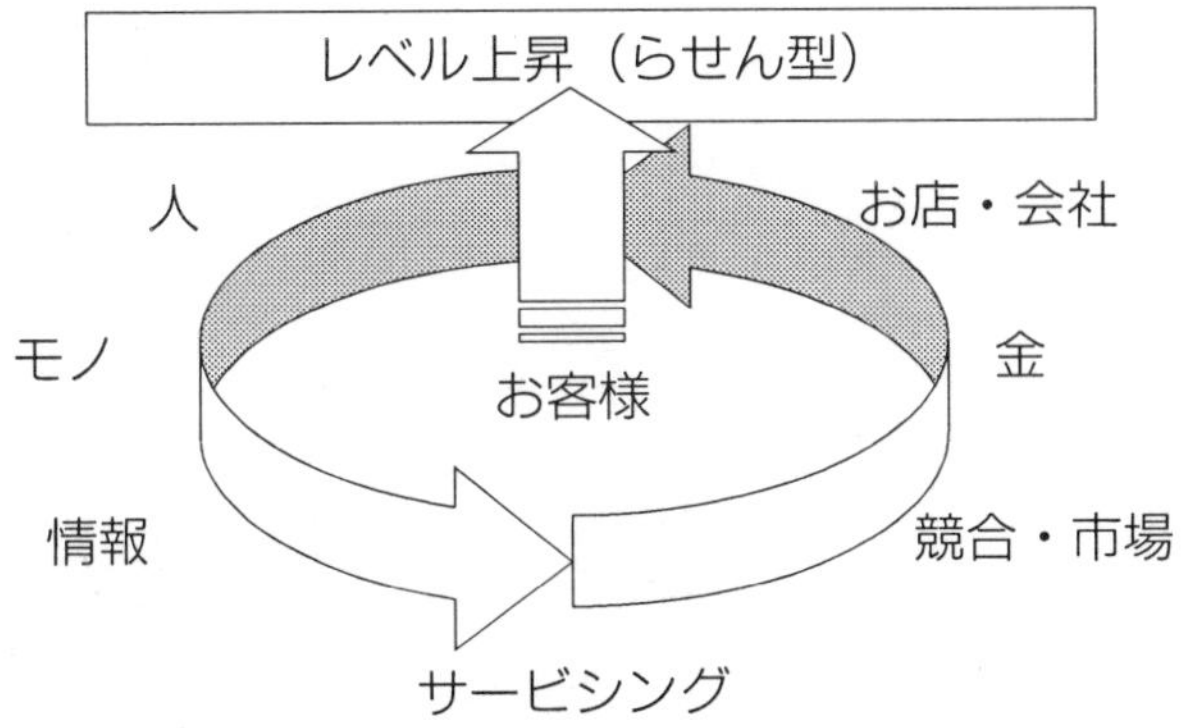
レベル上昇（らせん型）
人
お店・会社
モノ
金
お客様
情報
競合・市場
サービシング

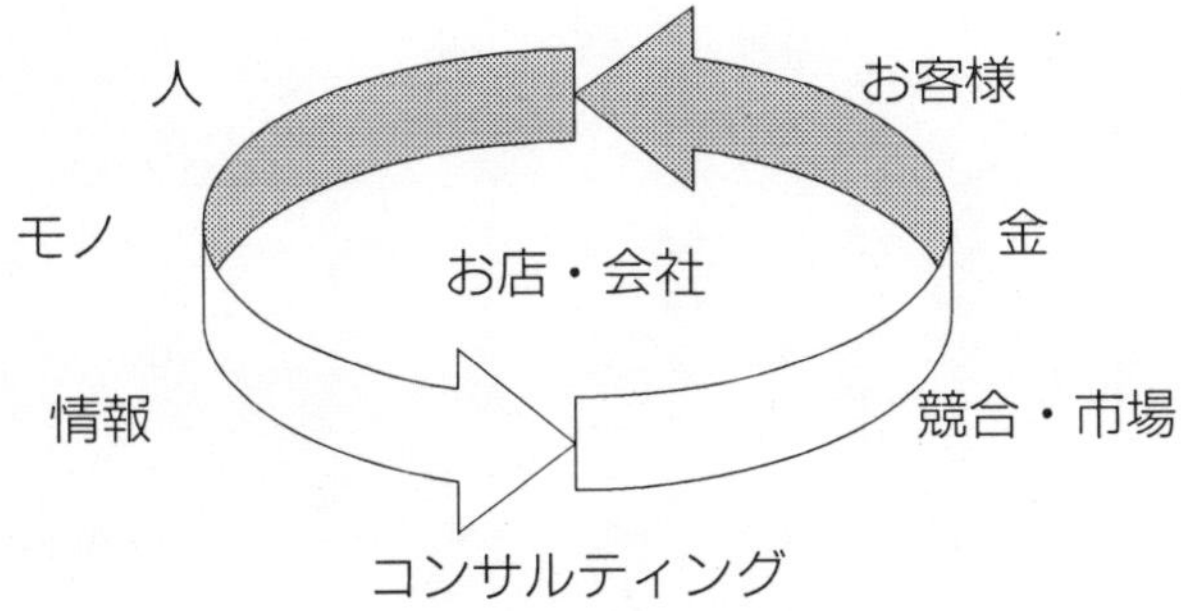
人
お客様
モノ
金
お店・会社
情報
競合・市場
コンサルティング

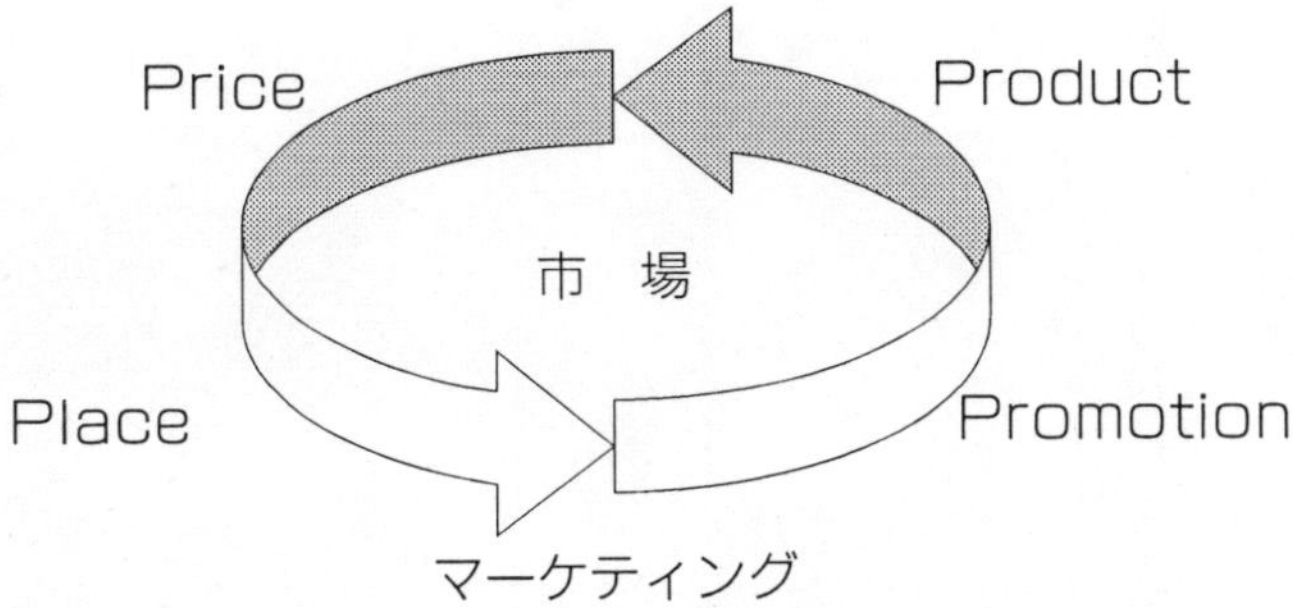
Price
Product
市　場
Place
Promotion
マーケティング

日本より世界へ

これからも様々な経営手法が生まれてくるだろう。しかし、サービシングの重要性は決してなくならないと信じたい。今まで新しい概念は、アメリカやヨーロッパから流れてきた。実際、サービスという概念自体がアメリカからやってきた。しかし今、サービスというものが第二ステージを迎えていると私は確信している。

そんな中、サービシングという、まったく新しい提案を日本から発信できたことに私は喜びを感じている。そして日本中のみならず、世界中のＳＯＨＯ・ベンチャー・中小店・大企業、さらに行政まで、ほんの少しでもお役に立てればと願っている。

教訓

サービスが変われば、売上が変わる。その達成のためには、サービスの動きを常に捉えることが重要である。本当に必要な部分でサービスの質の向上を極めれば、顧客満足度と売上の面で、より一層高いレベルでお店の運営が可能となる。

伝説のスパイスは、有限会社ポーカルコムの調査と実験から裏付けられた法則です。お店にスパイスを加え、ピリリと辛く、なくてはならない存在を創る一助となれば私どもにとってこれに優る喜びはありません。

また、この法則は、われわれ個人の心の在り方に関しても適用できるはずです。皆様の成功を心より願っております。

◎特別付録　「そして君の奇跡」

今まで本書を読んで下さった皆様の立場は多種多様であると思う。経営者の方もいれば、従業員・学生・主婦の方々もいらっしゃると思う。「伝説のスパイス」は、個人にも当てはめられると言いながらも、比較的ビジネス色が強かったと思う。

しかしこの「そして君の奇跡」は、私達の立場を超えた物語である。これまで読んで下さった皆様へ著者からのささやかな感謝を込めて、この物語を贈りたい。

そして君の奇跡

第一章

〈二一五八年五月〉

これほど惨めな人生はなかった。

プロジェクトメンバーから落ちこぼれの烙印を押されバカ扱いをされていた。
親からは「お前を産んで損したな」と罵られ、ついに見放された。
そして友人には裏切られ、投資先まで破綻した。
すべてが悪い方向へ向かっていた。

木戸航(わたる)は、車の中から外を眺めた。車の中には、なけなしの小銭用カードが置いてあった。

結局、暇つぶしだったのだ。

久しぶりに土曜日と日曜日が休みだった。昔貯めておいたお金をすべて使い切りたかった。ただそれだけだった。

土曜日にニューヨーク、日曜日にベルリンを観光した。それにしても、一時間のフライトを三〇分まで縮める事は出来ないものかと苛立ちを感じた。帰りは、車で羽田から三五分かかった。それでも自動運転中は、寝ていられるので楽だった。

「どちらまで?」

「自宅まで。ああ、途中ロイヤルスーパーに寄るからよろしく」

「かしこまりました。それでは、シートベルトを着けてください」

そう告げて、車の安全チェックが作動し始めた。

「車に異常はありません。それでは、運転を開始します」

そう言うと自動ナビゲーションが起動し、車は動き始めた。航は、海外へ旅立つ前のことを思い起こし、やり切れない思いだった。

うとうとし始めた頃、会話画面から呼び出し知らせを受けた。

「芳川みくる様から、コールが入っております」

みくるだけが、この世で唯一の味方のように思えた。

「オンにして」

画面にみくるの顔が現れた。

「おかえり。どうだったの？」

「やっぱ、一ヶ国にしとけばよかった。それか月旅行のほうがよかったかなあ」

「でしょ。言ったじゃない。それで、明日の予定は？」

「明日は、家でゆっくり休養するよ」

「そうね。疲れているようだし。仕事の方は火曜から？」

「うん。とりあえず、火曜日に資料をチェックして、それから営業するよ」

「チェックのほう、私がやっておこうか？」

「いいの？　じゃあ……」

航は資料ボタンを押して、みくるに転送した。

「OK。じゃあ、やっとくわ。それじゃあ、また。火曜日ね」

「ちょっと待って。みくるの予定は？」

「明日名古屋の会社と会議をして、次に北海道のロビーインという会社と打ち合わせ」

「そっか。それじゃあ、そんなに忙しくもないな。じゃあ、よろしく」

「ばいばい」

画面からみくるが消えた。

彼女は頼りになるプロジェクトのメンバーだった。今、次世代型のビルの建築プロジェクトが組まれていて、そのメンバーに彼女が組み込まれたのだ。メンバーの選定は、インターネットの自動振り分けシステムによって決まった。それでもこの広い日本の中で、三回も同じプロジェクトになるとは、何か縁を感じた。

「あと三分で、ロイヤルスーパーに到着します」

「ああ、分かった」

航は時計を見た後、エアコンとお風呂を沸かしておこうと思い、時計型のプログラムに指示をした。

「今の健康状態にいいもの用意して」

航がナビゲーションに話しかけると、センサーが作動した。航は自分の体が解析されているようで、このシステムが好きではなかった。

「健康状態は異常ありませんでしたが、少しお疲れのサインが出ております。鶏肉のホワイトソース煮でよろしいでしょうか？」

「ああ、お任せするよ」

「それでは、ロイヤルスーパーへ転送します」

三分後到着すると、すべて用意されていた。自動ドライブスルーで通りすぎると、雨が降ってきた。

最近では、水が一番貴重なものになっていた。この五〇年で気温は三度上昇したらしい。さらに、一〇〇年前と比べると、六度も気温の変化がある。それでも、海水を利用したビジネスも盛んで、水の価値は高まるばかりだった。この車も水で動いている。リッター三〇〇キロ走るが、この間の電子新聞ではリッター三二五キロの車が開発されたと報じられていた。それでも自動車業界と水連盟は政府に対し、より強力に規制緩和を進めるように要請していた。政府が海水のビジネス利用に際し、非常に複雑な規制を敷いていたためである。

政府の規制により、自動車業界と水連盟は大量の水を確保できず、研究や生産にまで影響を及ぼし四苦八苦していた。インドや中国などの自動車業界のトップに、より大きな差をつけられる羽目になった。

日本政府は近年まで優秀と言われてきたが、最近では不祥事が発覚し、次々と政権が交代した。小林内閣は、日本電子銀行から日本のセキュリティー費用を摂取していたのだ。谷口内閣では、海外の電子マニアにパスワードを盗まれ、一〇〇〇億円を奪われた。

あまりに情けないこの政治状況に、電子投票のアクセスも激減してしまった。人気を取り戻そうと、政治家が利害関係で党を作るというアイデアに出た。一〇〇年以上も前の政治政党の復活というやつだ。目に見えないところで、金権政治がはびこっているようだ。

国民はそんなことより、個人レベルで国を動かすことに関心が高いようだった。未来バーチャルを研究する者やクローン人間と人間の識別技術などだ。これらは、差別ではないかと叫ばれることもあるが、輸血面で瞬時に識別できると非常に役立つ。

今盛んなのは、自動認識システムの高度化と感染症の予知システムだ。人の行動を一日二四時間自動的に監視して、ログを残し分析する。すると、その人の健康パターンや思考分析まで自動的に分かるようになる。感染症の予知は誰もが望むものだ。人が病気で死なない世界では、感染症が一番怖い。ガンや生活習慣病という難病と呼ばれた病も二〇七〇年頃には解決した。私のお祖父さんは、死ぬと宣告されてから、薬が実用段階に入り奇跡的に助かった。

突然発作的に広がる感染症が一番怖い。DNAで分析して対処方法がわかるまでに死に至るからだ。感染症に関するビジネスはどんどん発展して欲しいものだ。

家に到着すると、セキュリティー探知機が解除された。疲れからか、何かイライラしていた。先ほど買ってきた鶏肉のホワイトソース煮の材料を見たら、余計食欲がなくなってしまった。結局、机に常備してあった健康維持食品を二粒口に押し込んだ。

日常生活に戻ると、何か力が抜けた。すべてを信用したくなかった。感情が自動的に作動すればどんなに楽だろうかと考えた。もっと心の底から涌き出てくるような情熱が欲しかった。

何かを察したのか、アシスタントロボットのジェイが話し掛けてきた。

「どうしたの？　今日の航は変だな」

「おい、ジェイ。お前はロボットなのに、俺の友達より俺の心を読めるんだな。感心だよ、まったく」

「それはお世辞なのか？　それとも嫌味なのか？　俺はロボットだから分からないな」

「このやろう。なんて利口な奴だ。まったく、一〇〇年後はどんなロボットが出てくるかわかりゃしないよ」

「なんだ。そんなにイライラしているのか。それじゃあ、バーチャルにでも旅してくればいいじゃないか。暇つぶしにね」

ちょっと引きつった笑いをするジェイは、そういって洗面所を指差した。

「そうだなあ。暇だしな。行ってくるかな。でも、ジェイ、俺はお前の指示に従った訳じゃないからな」

「おいおい。そんな格好で行くつもりなのか？　何が起こるか分からないんだから、ちゃんとチップを持っていったほうがいいぞ」

うるさいジェイが言うのを遮って、航は洗面所へ向かった。お祖父さんが残してくれたコンタクトレンズと呼ばれるものを、航は好きだった。レンズを着けるとレンズ内プログラムが起動するのを確認した。一応、時計にも図書館分の辞書や資料を登録しておいた。

「航。髪にも忘れずに。それから、腕にもね」

奥から聞こえたジェイの声に返事はしなかった。それでも、ジェイの言うことが正しいのを知っている航は、言う通りにした。

航は、腕時計を外し、ICチップを見つめた。ある程度のお金と強度なセキュリティーが確認出来ると、また腕時計を身に着けた。

「じゃあ行ってくるよ」

「今日はどこへ？」

「さー、バーチャルプログラムのお任せにしてあるから」

「そうか。それじゃあ、気をつけて。もし何かあったら、知らせてくれよ。一応、君のアシスタントなんだから」

「わかった。じゃあ」

そう言うと、航はベッドに横になり、コンタクトレンズに埋め込んだプログラムを始動させた。

第二章

〈二〇〇一年十二月〉

「さあ、今年もいよいよ終わりの時を迎えました。そして、また新たな年を迎えようとしています。来年はどのような年になるのでしょう。そんな夢と希望を抱き、我々はこの一年の幕を今閉じようとしています。さあ、この年の最後の歌は、皆さんと一緒に、あの歌を唄いましょう」

そうすると、「蛍の光」がかかり、紙ふぶきが宙を舞った。それぞれの歌手は、自分の役割を終えほっとしている様にも見えた。

「ああ、今年も終わりか」

と半ば諦めの入ったため息をつくと、コタツに入りみかんの皮を毟り取った。

二九歳になり、刻々と夢と希望を失い始めていた。振り返ると自分の二十代は、ごくごく普通の人間だったなあと感じた。ごく普通の大学に入り、ごく普通の会社に入った。それでも大学を出たばかりの頃は、上司が気に入らず、三ヶ月で仕事を辞めたこともあった。今考えると、恐ろしいことをしたものだ。

朝は七時に起き、七時三五分の電車に揺られていく。目的地は、有楽町と言いたいところだが、それは本社がある場所で、自分は西国分寺で降りる。いつもと変わらない通り道を過ぎると、右手にカレーショップがある。結構美味しくて、たまにお昼はここで食べる。そのカレーショップの少し先を右に曲がると急に車も通れない細い道になっている。それが、最終目的地、株式会社東和電気西国分寺支店だ。入り口は、去年改装して新しい。そのドアを開けると急に薄暗くなり、リアリティを増す。一番奥の部屋が自分の仕事場。そこで、受注業務をしている。ほとんど仕事部屋にいることはない。たいてい笹塚上司に連れられてお得意様回りをする。

笹塚上司が出張でいない時は、たいてい外回りと言いながら、仕事部屋から飛び出す。

「何、ボーッとしてんの」

みかんの皮を半分むき終わったところで、台所から母が戻ってきた。

「いや、このみかん酸っぱそうだね」

適当な返事をして、みかんをほおばった。

「いつから、会社は？」

「一月五日から」

「そう、来年は景気が良くなるといいんだけどね」

母は、私の給料が低いことを示唆しているようだった。

「そうだね」

なんとも歯切れの悪い返事をし、最後の一切れのみかんを口に入れた。

時計を見るともう十二時半を回っていた。

「俺、そろそろ行ってくるよ」

「そう？　ななみちゃんに連絡とったの？」

「うん、一時半に待ち合わせ」

「でも混んでるんじゃない？」

「まあ、混んでいたらどこか違う場所へ行くよ」

そう言って、コートを着込んだ。

彼女と初日の出を見る約束をしていた。高校時代からの付き合いで、毎年初日の出を見に行くのが、二人のイベントになっていた。

外に出ると、凍りつくような風が吹き、足が重たかった。凍える手に力を入れて、車のキーをポケットから取りだした。幸いワイヤレスだったので、ボタン一つでカギは開いた。白い息を吐きながら車に乗り込むと、窓ガラスが凍っているのに気がついた。

「まじかよ」

エンジンをかけ、温風を最大に入れた。エンジンまで凍りついたように鈍い音だった。時計を見ると、彼女が機嫌を悪くしている姿が頭に浮かんだ。ワイパーで窓ガラスの氷を拭い去ろうとしたが、重たくてワイパーは動かなかった。

外に出ると、感覚がなくなった手で何度も氷を取った。なんとか、少し視界が見えるほどにはなった。

「まあいっか。運転すれば、そのうち溶けるだろ」

そう考え、シフトをパーキングからドライブにセットし、サイドブレーキを解除して走り始めた。前のめりながらアクセルを踏んでいった。見えにくいミラーが妙に気になった。他に車が一台も通っていない坂を下った時だった。その見えづらいフロントの窓を誰かが横切った。思わず、急ブレーキをかけた。

ドアを開け、外に出ると人が倒れていた。一瞬、何が何だか分からずに辺りをきょろきょろした。すると、横たわった男が、唸り声をあげた。でも、車には当っていない。そう思ったが、彼を抱き起こして言った。

「大丈夫ですか?」

「うー。寒い」

「おけがはありませんか?」

「温かい飲み物ある?」

男は、寒さのせいで感覚が麻痺しているかもしれない。そう思った。もしかしたら、骨でも折れているかもしれない。それとも、記憶喪失？

「君の名は？」

「そんなこと突然言われてもなあ」

その男は言った。

「とりあえず、寒いでしょうから車に乗ってください」

「ありがとう」

男は、全然痛そうでもなく、元気に車に乗り込んだ。

「あー、生き返るねえ。暖かい」

気がつくと、フロントガラスの氷は溶けていた。

「どうもすみませんでした。家まで送ります」

「え？　どうしたの？　君は何もしてないよ」

「え？　じゃあ、何で横たわって…？」

その男は、一つ咳払いをしてから、こちらを見つめて言った。

「信じられないかもしれないが、俺は二一五八年から来た。まあ、絶対信じないと思うけどね」

「はあ」

「まあ、証拠を見せれば分かるかなあ。信じてくれるだろうね。じゃあ、まず、これでしょ」

「これは？」

「時計。この中に、図書館分の辞典や資料が入っているよ。二〇〇一年は、えーと、同時多発テロか。それから……」

「ちょっと、ちょっと、何が何だか分からない。ちゃんと説明してくれよ」

　少し腹立たしくなった私は、つい言葉遣いが荒くなった。

「わかった。ちゃんと説明するよ。その代わり、信じてくれよ」

　そう言うと、彼の名前が木戸航という名前で、未来の東京辺りに住んでいる二七歳の独身だと名乗った。そして、「自分で選んでここへ来た訳ではないが」と断った上で、彼は「高木純は俺の先祖だ」と言った。それからは、未来のことをああだこうだと言ったが、到底理解できないことばかりだった。

「よし。今度はあんたの番だ。説明してくれよ。あんたのことを」

自己紹介などは、営業先でする程度だから、何を話したらよいか分からなかった。その上、未来からやってきた人間に、何を話せと言うのだろう。

「名前は？」

「高木純」

「じゃあ、俺が未来からやってきた証明をしてあげるよ」

そう言うと、彼は腕時計をピピと押した。

「君の生年月日は、一九七二年、一〇月一五日だね。それから、会社は、えっと…、株式会社東和電気西国分寺支店。まあ、資料はこの辺でいいでしょ」

頭が混乱して、何が何だか分からなかった。今までの自分について、何を質問しても彼は正解を答えた。将来のことは調べる気にならないと言い、何一つ教えてはくれなかった。それに、彼の時代の法律で『具体的な事柄に関しては、未来のことは言ってはならない』と決まっているとも言った。

そして、彼は気になることをしゃべった。

「これは、バーチャルの世界だ。君も俺もこの世界に存在しない」と。

「でも、高木純という自分はここに居るじゃないか」

自分を否定された怒りと何かとてつもない恐怖を感じた。しかし、木戸航は断言した。

「いや、我々は現実社会には存在しない。この時代で言えば…、そう、ビデオテープの中に君がいると思えばいい。俺は未来の人間だし、君は二〇〇二年一月一日に生きる人間だ。確かにリアル社会では君は二〇〇二年一月一日に生きている。俺も二一五八年に生きている。でも、ここはバーチャルの世界なのだ。俺たちは、バーチャルで作られているんだよ」

「ちょっと待ってくれ。今、ここは二〇〇一年、今二〇〇二年一月一日なんだ。そうだよな？」

「そうだ。それはそうだが、君は二〇〇二年一月一日のバーチャルの世界で生きる高木純なんだ。でも、残念がることはない。別に、リアルの純の方が優秀だと言っているわけではないのだから。リアルとまったく同じだよ。ただ、バーチャルの世界は、時代を超えて人と接触できる利点がある。まあ、バーチャルの世界でも自分が未来へ行くことは出来ないけどね。俺の時代でも、研究段階だ。だから自分自身、未来へ行くことは出来ない。逆に、短所は……」

そう言って航は純の方を見つめた。

「短所は、バーチャルの中にいる人間は、この瞬間しか生きていないということだ。君の時代で言えば、ビデオテープを再生したとき君は存在し、三時間後から再生すれば、その時の『別の高木純』がいる。もっと説明すると、バーチャルの中の高木純は、未来の人間がアクセスしたときのみ、バーチャルの中で存在する。誰かが一年後の高木純にアクセスすれば、一年後の『別の高木純』が存在する」

「ばかなことを言うなよ！　俺は、生きているじゃないか！　ほら見てみろ、こんなに手だって冷たいし、車の中のエアコンは暖かいし…。嘘ばかり言わないでくれよ。嘘だって言ってくれよ。………。ああ……。なんてこった。じゃあ、俺の親や彼女は何だよ！　俺は確かに生きているじゃないか！」

「お前の気持ちは、よく分かるよ。実際にバーチャルというものが、あまりにリアルに近づき過ぎたから、法律でバーチャル禁止令が出されたことがある。バーチャルの中の人間にも権利はあるのかってね。でもな、君も君の母親も、そして君の彼女もみんなバーチャルなんだ。ついでにこの道路もこの車も。すべて」

はっはっは。純は笑った。笑うしかなかった。腹の底から笑いが止まらなかった。笑いは悲鳴に代わり、そして涙になった。彼は泣いた。大声で泣いた。この涙もすべて嘘なのだ。自己とは何だ。生きるって何だ。

しばらくして、純は航に言った。

「俺を、消してくれ」

悲しい顔だった。夜の寒い風が、二人の間を通りぬけていった。

第三章

〈二〇〇二年一月〉

「君はまだバーチャルを理解していない。現実の世界には存在しなくとも、バーチャルの世界では君は今こうして存在する。そして、君の未来もちゃんとある。消すということは、たとえバーチャルの世界であっても君の子供や孫達も一緒に葬り去ることなんだ。君の愛する恋人や君を支えてくれる周りの人々も消し去ることになる。なにより、存在する未来の自分を殺す。皆を裏切ることじゃないか！　それに君が自殺をしたって、プログラムをちょっといじれば、また同じところから再生されるぞ。俺がやらなくたって、バーチャルを手に入れた未来の人間の誰かがやるだろう。そして、俺が君を殺すことは出来ない。これは法律で決まっている」

純は、今までの平凡な生活が、これまでになくたまらなく恋しくなった。

「純。生きるんだ。生きるんだ。たとえバーチャルであろうと、生きるんだよ」

航は純の肩を摑みながら言った。

「なぜ、俺のところに来たんだ。俺のところにさえ来なければ、今まで通りの生活が…」

途中まで聞いて、航は言った。

「俺が来なければ、今の君は存在しない。バーチャルの中ですら存在しないんだ。俺が訪れることで、今現在の君が作られた。何度も言うように、君の時代のビデオテープにたとえれば分かりやすい。『高木純の人生』というビデオを録画する人間が、リアル社会の高木純だ。そしてビデオを再生しているのが、この俺なんだ」

「だったら、存在しない方がまだよかった」

吐き捨てるように、純は言った。

「違う。それは違うよ。どのように生を受けて、どのように死ぬのかの過程は様々だ。でも、君は笑い、感動し、感謝し、苦しみ、泣き、人を好きになる。太陽が眩しいと感じたり、花を見てきれいだなと感じたりする。けがをすれば痛いと感じ、血も流す。それこそが生きている証拠じゃないか。君は、バーチャルの中で生きているんだ。生きている証を残そう。君が生きていたという証拠を残せばいいじゃないか。バーチャルであろうとなかろうと、一生懸命生きた人生は素晴らしいよ。君だって、大好きなビデオは何度も見るだろう？　そこから、感動したり、力を与えられたりすることもあるだろう？　君はたかがバーチャルの一部分だと感じているだろうが、逆に君がその役を果たさなければすべてが無駄になってしまうんだ。たかがバーチャル、されどバーチャルだよ。君が一生懸命生きること、それは無駄どころか、多くの人に貢献できるんだ」

取り乱した純は、必死に自分を取り戻そうとしていた。現実と空想の狭間で葛藤していた。純は、大学時代に必修科目だった哲学Ⅰの授業で聞いた言葉を記憶の中から蘇らせていた。

あれは厚メガネをコンタクトレンズに変えて若返った若林教授の話だ。

「『我思う、故に我あり』。えーこれは、デカルトが言った言葉です。皆さんもよくご存知な言葉だと思います。デカルトは、自分が存在しているのか、存在などしていないのではないか、と真剣に考えました。その時、ふと思ったのです。今この時この瞬間、こうして考えていること自体が、自分が存在していることの証明ではないか、と」

複雑な気持ちだった。自分は存在する…。バーチャルの世界で…。

かなりの時間が経った。

「少しは落ちついたか？　それにしても俺の時代と考え方が違うから、ビックリしたよ。バーチャルで生きることがそんなに驚くことかなあ」

「もうここまで来たら、何でも受け入れられる気がするよ。航のこと、航の生きている時代、リアル社会のこと、色々聞かせてくれよ」

純は、まだ夢を見ているのではないかという感覚を振り払いながら、静かに口を開いた。

「ああ。いいよ。俺たちのことを語り合おうじゃないか」

「これ以上、衝撃的なことは言わないでくれよ」

「俺にとっては、どれも普通のこと。どれが君にとって衝撃的なことかなんて分かりはしないよ」

そう言うと、さっきまでのことが嘘のようにお互いは笑った。

「ちょっと、時間をくれないか？　俺、実は、今から彼女と待ち合わせているんだ。明日の夜、またここで会おう」

「わかった。俺もこの時代を知りたいから、ちょっと散歩でもするよ」

航はそう言うと、車から降りた。そして、純は急ぐようにアクセルを踏み込んだ。

航は最初ぶらぶらしていたが、どこのお店も閉まっていることに気づき飽きていた。

「あー、この時代は皆、夜お店を閉めているのか。まいったなあ。ちょっと、時間を進めるか」

航は、プログラムの設定を少し変えた。

車の音がした。純だった。昨日とはまったく別人で、目に強さがあった。航の前に来ると、車に乗るように指で指示した。

航は乗り込むと、危険感知度が少し高くなっていることに気がついた。

「おい、この車大丈夫か？」

「何言っているんだよ。二ヶ月前に買ったばかりの車だぜ。ｂＢっていうんだ。今これ売れているんだよ」

純がアクセルを踏み、車のハンドルを握り締めたとき、航はものすごい恐怖感を覚えた。

「おい！　お前何やっているんだよ。なんでお前がハンドル握っているんだ？」

「おいおい。俺が運転しないでどうするの？」

「そうか。危険感知度が高くなったと思ったら、純が運転するからか。俺の時代とは違うからな。これもまた冒険だ」

純は、前を見ながら言った。

「俺、昨日航と別れた後、彼女と会った。一緒に初日の出を見に行ったんだ。その時、思った。寒い風が吹く中、朝日が立ち昇ってきたのを見ている。彼女と手を繋いでいる。そのとき自分は幸せだと感じた。彼女も幸せだと言った。この事実がバーチャルであろうと、現実であろうと、自分には関係ないのだって。今、確かに自分は幸せを感じて生きているって。たとえ君が未来からやってきて、僕にバーチャルの人間だと言おうが、たとえ一〇分後に自分自身の存在がプログラムから消されようと、生きるしかない。自分には生きるしかないんだ。君達が作りだしたのかもしれない。でも、感情は自分自身のものだ。誰も奪うことは出来ない。だから、生きるよ。最後まで生き抜くよ」

「純、ありがとう。俺みたいな未来からの人間が言うのも変だけど、先祖ってあるだろ。リアル社会の人間が産まれるにはDNAが必要なんだ。それは、先祖の血が混じった大切なもの。でも、リアル社会では、一〇〇年前のお祖父さんや二百年前の先祖にも直接会うことが出来ない。でも、その先祖が存在しなければ、俺達は生きていないのだ。そうだろう？　リアル社会の人達が未来を切り拓く。途中で死んでしまうDNAもあるし、生き残るDNAもある。バーチャルの世界は、その先祖と未来の人達が交流できるんだ。たとえそれがバーチャルであっても、俺のお祖父さんやお祖父さんのお祖父さんにも会えるのだ。先祖のDNAがなければ、純、君の今は存在しなかった。俺も存在しなかった。リアルの航も。リアルの純も。俺達の考えや感情も。すべてはリアルの先祖たちのお陰だよ。だから、君が生命のタイムリミットに関係なく一生懸命生きてくれるのは嬉しい。君の先祖も報われたな」

それから二人は夜が明けるまで語り合った。航の時代には、今ある社会問題はすべて解決して、新たな問題に取り組んでいることや時代が変わっても、寝て起きて食べたりする基本行動は変わらないことを話した。しかし、具体的なことや未来のことは法律で話してはならないと決まっているため、話さなかった。それは、たとえバーチャルであれ、何かしら影響を与えかねないという、保守的な政府の決定だった。

朝の太陽が昇り始めた頃、航はこう言った。

「なあ、純、一緒に君の先祖に会いに行かないか？」

「自分も行けるのか？」

「ああ。仮想空間中にほんの少し合成処理をすればね。まあ、この俺に任せとけって」

「おいおい、大丈夫かよ。高木純の人生、めちゃめちゃにするなよ」

「それは、リアル社会の高木純に言ってくれよ」

二人は笑った。

静かな光が眩しかった。エンジンの音が鳴り響いたその坂には、二人の影が大きく道路に映っていた。

そして君の奇跡

第四章

〈一九四五年五月〉

思えば愛する妻と愛しき息子、茂との楽しい一時期が、思い起こされるばかりです。振り返ると私の人生は長くはありませんでしたが、妻や子供、ご両親様に囲まれる日々は幸せであったと切実に思い起こされるばかりであります。

拡大こそ革新という時代に生きた私にとっては、愛する日本のために死することは光栄であります。ただ願わくは、私の命と引きかえにでも、自由と個性の奪還は、影ならぬ私の願いでもありました。

私は人格もなく、感情もなく、もちろん理性もなく、ただ片道分の燃料を積み、敵の航空母体に向かって粉々になる破片の一部に過ぎぬのです。

ハガキ一銭五厘に過ぎぬ個人は何も言う権利もありませんが、ただ願わくは、愛する日本を偉大ならしめられんことを国民の方々にお願いするのみです。

最後になりますが、二十三年間私を育ててくださったご両親様、健康に気をつけて先立つ冨八の分まで長生きしてください。そして、とめ、茂をよろしく。

山田冨八は明日行きます。皆様の温かい優しさに後ろ髪引かれる思いではありますが、この日本の繁栄のために、命を捧げられる喜びで満足しています。

さようなら。

昭和二十年五月十二日

特攻隊員　山田冨八

冨八は涙を拭いながら筆を置いた。そして、最後の夜空を眺めるため、一人外へ出た。

丘の上まで上ると、町の夜景が見えた。思わず涙があふれ出た。

　純と航が気がついたとき、冨八は夜景を眺めていた。

「航、ここはどこなんだ」

「ここは、君のお祖父さんの時代だよ。えーと、一九四五年五月十二日だ」

「お祖父さんかあ」

「そう。プログラムがここへ連れてきた。これも何かの縁じゃないかなあ」

「でも、突然近づいたって驚くだけだよ。だって、戦争時代なんて、ＩＴ革命って言葉も、バーチャルなんてものもないのだから」

「ああ。でも、お祖父さんと接触するチャンスなんだよ。今が。このときを逃したら、他の人達まで巻き添えにするから、面倒だろ」

「そうだな」

　二人は、夜景を見ている冨八の背後に近づいた。

　人の気配を感じた冨八は、涙を拭い、振り向いた。そこには、同じくらいの年齢の大きな男が二人立っていた。

「こんばんは。俺は木戸航。こっちは高木純。二人ともあんたの血をひいているんだぜ。名前が違うのは、一人は養子。もう一人は、未来では法律が変わって、親の苗字が二人とも違うんだ。子供はどちらかの苗字を二十歳までに決めればいい。下手すると、三世代、皆苗字が違うこともあるんだ。そんなことより、信じられないかもしれないが、俺たちは未来からやってきたんだ。あなたも含め、ここにあるすべてはバーチャルなんだ。仮想空間と言った方が分かるかなあ」

冨八は、自分が死んだ世界は、いつかこうやって進化するのかもしれないと感じた。前に立っている二人の顔が、自分にどことなく似ているのだ。死に行く人間に対し、最後の天からの贈り物かもしれないと思った。

「ああ。君達を私は信じるとも。君達が、僕の血をひいているんだね。ありがとう。最後に僕を安心させてくれた」

「最後にって、なんかもう死ぬみたいな言い方だね」

航は妙に物わかりが良い冨八に対し、ちょっとがっかりした。

「そう、明日が私の死ぬ日だ」

純と航は顔を見合わせた。航は、時計をピピッと押し、資料で調べた。コンタクトレンズに映し出された資料を見て唖然とした。一九四五年五月十三日、山田冨八は特攻隊員として、敵の船に自らの命と引き換えに衝突した。

「なんで自爆しなきゃならないんだ。そんなの、おかしいよ」

声を上げ、航は言った。それを聞いた純が思い出したように告げた。

「そうか。わかったぞ。親父が昔、一度だけ話したことがあった。そう、自分のお祖父さんは確かに特攻隊員だった。自由より統制、個人より全体という時代だったんだ。個人の命より国が優先だった」

「航と純だったね。私はどうであろうと明日行きます。君達の話を聞かせてもらって嬉しかった。私の命が新しい命へと伝わってくれているんだね。私はそれだけで本望です」

その時だった。グオーという音を立ててすさまじい勢いで上空に曇りが舞った。すると丘から見えた町が爆音とともに炎と化した。さっきまで見えた綺麗な町が一気に黒い煙で覆われた。

「よく見ておいて下さい。ここは安全です。飛行機からはここは見えないから。でも、よく見ておいて下さい。これが、この時代の生き方です。何の罪もない小さな赤ん坊も、足が不自由で動けない老人も皆炎に包まれるのです。運が良いものだけが生き残る時代なのです。この光景を忘れずに、祖国日本を偉大ならしめられんことを君達にも深くお願いします」

そう言うと、冨八は悲しい顔で、空襲で燃えている町を見つめた。

純と航にとっては、その光景は衝撃的だった。火に包まれた老女が叫びながら倒れていった。逃げまどう人々の群れに爆弾が打ちこまれた。一瞬にして、人間が砕け散った。上空を飛ぶ飛行機は、次の獲物を狙うかのようにその場所を旋回した。

満足げに去っていった飛行機の下には、無惨な町の姿があった。そこには、夢も希望もなく、ただ炎と暗闇とうめき声だけがあった。

「明日は、この丘から私の出撃を見守ってくれませんか？」

この問いに、二人は少し狼狽した。

冨八が明日死なない限り、自分達は存在しなくなる。リアルでもバーチャルでも存在しなくなってしまう。冨八は死ななければならない。それを知っている二人にとって、冨八が死に行くのは複雑な心境だった。

「おい、航、何とかならないのかよ！」

純は最後の頼みの綱にすがる様に、航に問いかけた。

航は、何も言わずに首を横に振った。

三人は横に並び、丘の上から煙の町を眺めた。純と航は、明日の冨八の出陣を見送る覚悟を決めた。

「私達は…」

そうつぶやいた後、冨八は語り出した。

「爆発を助ける一破片なのです。私には覚悟があります。それでも、科学的とも言えぬ、あまりに不合理なこの戦法は、理解しがたい時もあるのです。私よりも若い、十代の青年達が次々と片道切符の飛行機で飛び出していきます。私の隣で寝ていた、雄二君も昨日行きました。雄二君は、十八歳でした。好きな子を故郷に残し、恋心を擁きながら死んでいったのです。私は、夜中に彼がノートに日記を書いているのを知っていました。彼が去った後、私は雄二君のノートを見て、心が痛みました。『きよちゃん、ぼくは、きみを、愛している』たった一言、そう書かれていたのです。考えられますか？　彼は、まだ二〇歳にもなっていません。その青年が、御国のために一破片となったのです。純、そして航、君達は雄二君みたいな青年達の命も背負って生きているということも覚えておいて欲しいのです。彼らの死を無駄にしないで欲しいのです。それに比べて私は、妻も子供もいます。それに雄二君より長生きしています。私は満足感でいっぱいです。そして、さっき言っていた、空想という世界でも私はかまいません。今、私がやるべきことはただ一つ、灰となることだからです」

三人はまた炎と煙の町を眺めた。

三人の沈黙を遮るように冨八が呟いた。

「でも…」

冨八は言葉を選びながら続けた。

「またどこかで会えますよ、きっと…」

純は確信があるかのように告げた。

「ああ、絶対会うさ。必ずね」

二人の話に、航はただ頷いた。

しばらく話した後、航は、せっかく来たのだからと思い、少し辺りを散歩することにした。純も誘ったが、冨八と話をすることがあると言って断った。

散歩をする前に、セキュリティーガードを最大にした。これでバーチャルの中で迷子になったり、異常事態が起こったりすることはなくなった。

航は、地形を資料で調べた。その丘を下り、反対側の丘を上って五分ぐらい歩いた所が未来における自分の家となっていた。面影は何一つありはしなかった。

三〇分ほどで航が戻ると、二人は座り込んで話をしていた。航が一緒に座り込むと、太陽の光が差し込んできた。それは、手に届くほどの近さだった。三人は朝日の光に包まれながら、それぞれの想いを空に馳せた。

その時が来た。冨八は、操縦用の服に着替えた。故郷を出るときに着て来た、馴染みの深い軍服を一つひとつ丁寧に畳んだ。そして、ノートと手紙、それに遺書を残した。御守りだけは一緒に身に着けていこうと思った。御守りを着けようとしたとき、後ろから大きな声で呼ばれた。

「山田冨八！　今から出撃せよ！」

御守りをぎゅっと握り締め、立ち上った。

「山田冨八！　御国のために行って参ります！」

冨八は、全身を硬直させながら、叫んだ。

寝床を見て、外に出た。外に出るときに、振りかえると仲間が頷いた。冨八は、仲間を一人ひとり見つめた後、外に出た。晴天だった。雲一つない空だった。冨八は、急に肩の力が抜けた。空を見て、すべての覚悟を決めた。片道分の燃料を入れる作業工の脇を通り過ぎ、自分の操縦する飛行機の前に来た。頑丈とは言えぬ、よく燃えそうな飛行機だった。冨八はもう一度空を見た。悲しい。でも、行くしかないんだ。でも、死にたくない！　まだ、死にたくない！　冨八に恐怖が襲ってきた。

「なにをぐずぐずしておる！　貴様らは御国のために命を捨てるのだ！　喜べ！」

上官の怒鳴り声が響いた。冨八は最後の階段を昇った。飛行機に乗り込むと、計器類の確認をした。そして、エンジンを全開にした。

静寂な青空の中に、台風のような勢いでプロペラは回った。冨八は、飛行帽をもう一度確認した。そして、遂に最後の飛行へと旅立った。

二人は丘の上から、冨八を見送った。冨八は、三度上空を旋回した。昨日の空襲に来た飛行機とは違い、どこか小さく悲しげに見えた。三回ほど回転すると、海の彼方へと消えていった。

冨八は、妻や子供といた時間を思い出していた。そして、故郷で過ごした楽しい日々を思いだしていた。何度も何度も子供と唄った『赤とんぼ』を口ずさんだ。そして、七回唄い終わった頃、敵の戦艦が見えてきた。

「よーし！　角度オーライ！　方向了解！」

そう叫ぶと、目を大きく開け冨八はスピードを上げた。

「とめ！　しげる！　お父様！　お母様！　行きます！　山田冨八、今、任務を完了します！」

最後の雄叫びをあげ、大きな目を見開き、最後の最後まで目を閉じなかった。大きな衝撃とともに意識を失った。

敵の艦体は炎で包まれた。機体は、炎となって、そして、消えた…。

その日の夜、純と航は、あの丘で空を見上げた。すると、一匹のウサギがどこかからやってきて彼らの脇に横たわった。そして、起きあがり、彼らの前で立ち止まった。じっと二人の目を見つめたウサギは、ゆっくりとゆっくりと暗闇の中へ消えていった。

「冨八だ。あの目は冨八だ！」

「俺達にウサギになって挨拶しに来てくれたんだな」

そう言うと二人は黙り込んだ。そして死に行くはかなさと生きる喜びを感じていた。

「自分は冨八や戦争で犠牲になった人達の分まで一生懸命生きるよ」

純はそう呟いた。

「俺も…」

航が声に詰まると、二人は唇を噛み締めた。

「そろそろ、戻ろうか」

純は航の言葉に頷いた。

第五章

〈二〇〇二年一月〉

二〇〇二年に戻ると、それは昼間だった。雪がしんしんと降っていた。

航はバーチャル禁止法に則って、純のすべての記憶を一応リセットしなければならなかった。ボタン一つで済んだが、なんだかやるせなかった。その後の純の生活はちゃんとしているだろうか？　友情関係が芽生えたのか、純が元気か、気になった。相手はもう、航を知らない。ただ、航が勝手に純の生活をちょっと覗きこむだけだった。

純と初めて出会ったのは二〇〇二年一月一日だった。今日は、一月二十日だった。

航は、プログラムの中の資料を見た。すると「レストランテ・デュポンジュ」というレストランに昼食を食べに来ると知った。情報では、デートで彼女と一緒ということだった。彼女の名前が『ななみ』と資料に書いてあることから、純が同じ女性と付き合っているのは明らかだった。彼らが座る隣のテーブルで、コーヒーを飲んでいた。

それから五分ほどで彼らはお店に入ってきた。目がきりっとしてストレートの長髪が似合う、その彼女を連れていた。スカートは茶色でスウェードっぽい。似合っていた。でも、上に着ている少し大きめのトレーナーには、幻滅してしまった。

純はちょっと太目のジーンズを履き、上は黒のコートを羽織っていた。そのコートを脱ぐと、赤と青の線が入ったセーターを着込んでいた。

二人は、今日のデートのことや仕事のことを話しているようだった。しばらくして、注文したランチセットが運ばれてきた。二人はあまり話もせず、黙々と食べ始めた。

デザートがきた頃、彼女の方がしきりに純の顔色を窺うようになった。純は相変わらず気づかず、デザートを口にした。食べた後、純が彼女の方を向いた。二人の目が合ったとき、彼女がポツリと言った。

「ちょっと、いい？」

「何？」

「あのね、赤ちゃんが出来たみたい」

「へ？」

ぽかんとした純の顔は面白かった。コーラの炭酸を抜いたような感じだ。

「本当だよ」

気を確かにしてから、純は急に興奮し始めた。

「まじ！　やったぞ。いつ？　いつ産まれるんだよ？　名前なんてつけよう」

航はこれ以上、二人の話を聞く必要もないと思った。でも、二人の子供は、航にとっても先祖だった。二人の子供を見てみよう。そう思って、航はプログラムの時間軸を変えた。

夏の熱い日だった。病院にいた。辺りは、妊婦が多い場所だった。

「おぎゃー！　おぎゃー！」

赤ん坊の声が聞こえた。そちらへ向かっていくと、確かにあの時の彼女だった。多少太ってはいるが、すぐに彼女だと認識した。彼女の手の中にいる小さな赤ん坊は、真っ赤な顔をくしゃくしゃにして泣き叫んでいた。小さな足の、可愛いらしい真っ白な靴下が心を和ませた。

それにしても、純のやつどこにいったのだろう。純のことだから、あたふたしてオムツでも買いに行っているのだろう。

「ほら、パパよ」

背中に衝撃が走った。そんな、ばかな！　微笑む純のモノクロ写真を手に取りながら、彼女は小さくとも力強い新しい生命に向かって話しかけた。

航はあたふたしながら時計から資料を引っ張り出した。そこには、あまりにも残酷な事実が発信されていた。

二〇〇二年二月一日　高木純　死亡

冨八が死んだとき、あんなに一生懸命生きるって約束したのに！　なぜ死んだんだ！

航は、彼女とその赤ん坊を見つめながら、やり場のない悲しさを噛み締めながら、病院を後にした。

純の死を受け入れた頃、それは真っ暗な夜空になっていた。航は、純がなぜ死んだのかを調べるのが怖かった。バーチャルの中で死んでいるときは、リアルの高木純が死んだときだった。バーチャルの高木純は、リアルの高木純とともに、消え去った。

決心し、ついに純の死についての記述を呼び出した。するとこんな風に書かれていた。


高木純は、会社を終わると上司に飲みに行こうと誘われる。純は、婚約者のお腹の中に赤ん坊が出来ているため、早く帰りたかった。お昼休みに購入した小さな靴下を早く婚約者に見せたかったのだ。純は、上司に早く帰ることを告げる。しかし、上司は「最近、付き合いが悪いねえ。ノミニケーションって知らないのか？　それが出来ない男は、ダメだな。もちろん、君はそういうことも知っているよな？」そう言われ、純は上司に連れて行かれる。二人は、飲み屋の近くで不良グループが女性をからかっているのを発見する。するとグループの一人が、二人と目が合ったといちゃもんをつけた。純は、女性を助けるためグループともみ合いになった。女性を逃がすために懸命だった。純は女性を逃したのを見届けると、グループの連中に囲まれ暴行を受けた。病院に運ばれたとき、高木純はすでに死んでいた。

一方、一緒にいた上司は、グループの怖さに怯え、女性の背中を押しグループへ差し出した。そして、持っていた財布も差し出した。純が、グループに飛びこみ女性を助けたが、上司はすでにいなかった。死後、裁判になるが、上司は女性を助けるのが精一杯だったと主張した。女性はあまりのショックですべてを覚えていなかった。さらに、勤務外であったため、会社側は法的責任から逃れた。

航は、読み終えると、プログラムを純の会社にセットした。

太陽が沈み始めた頃、その男は会社から出てきた。携帯電話をチェックしながら、ニヤニヤしていた。男が、小さな道を曲がろうとしたとき、航は声をかけた。

「おっさん」

一瞬ドキッとしたその顔は、そそくさと逃げまどうように通りすぎようとした。

「まてよ」

航の怒りが頂点に達したとき、男は信じられないことを言った。

「な、なんで俺なんだ！　まだ中に女もいるぞ。お、おれは、金もないぞ！」

航は、ぎゅっと握り締めた拳をその男の顔面に突きつけた。

「や、やめてくれ！　金はいくらでも持っていってくれ…」

航は今までになく、憎しみが込み上げてきた。握り締めた拳で、二度三度と男を殴った。

男は、倒れこみ意識を失った…。

第六章

〈二一五八年五月　リアル社会〉

目を開けると、天井だった。

「お帰りなさい」

ジェイが顔を覗きこんでいた。

航は、バーチャルの世界で起こったことを思い出していた。

「やっぱり、今日の航は変だな」

そう言うと、ジェイはいつも見るニュースをつけてくれた。

「それでは次のニュースです。バーチャル捜査隊の報告によると、バーチャル世界での犯罪が最近多発しているということです。捜査隊は、明日にも警告書を政府へ提出する予定です。バーチャル禁止法では、バーチャルへ入った人間が、自分の感情に任せ、人を故意に傷つけたり、殺人を犯したりすることが禁じられています。しかし現状では、その被害を発見することは非常に難しく、素早い対応が望まれています。えー、水谷さん、やはりこれは難しい問題ですね」

「そうですね。これは非常に難しいと言えるでしょう。人間の感情をいかに管理するのか、これが、これからの課題になってくるでしょう」

「他に問題点はありますか？」

「はい。バーチャルですと基本的に時間軸が過去・現在と縦軸になっている訳ですが、そこで問題になるのが過去への執着心です。たとえば、過去に起こった事件では、親が殺害された憎しみを晴らすため、九歳の少年がバーチャルへ入り、犯人を殺害したという事件がありました。幸いリアル社会への影響はまったくありませんでしたが、このような過去への憎しみをどうするのかが問題です。そして、最近言われていますバーチャル年齢制限法令を実行するのかどうかも関心の向くところです」

「はい。今日はありがとうございました。えー、今日はバーチャル評論家の水谷啓治様にお越し頂きました。やはり、この時代、いかに感情を監視するのかが重要な課題だということが改めて認識出来ました。水谷さん、今日はありがとうございました」

「はい。ありがとうございました」

今まで当然として見ていたそのニュースに、航は違和感を覚えた。機械のハイテク化は進んだが、心のハイタッチ化は置き去りにされてしまったような気がした。自由より統制、個人より全体、と言われた冨八の時代が思い起こされた…。

ふと気がつくと、そのまま眠りについてしまったようだ。朝の光が差し込む静かな日曜日だった。航は立ち上り、窓の外を見た。その時、航の頭に、今日の過ごし方のアイデアが浮かんだ。

「ちょっと、出かけてくるよ。後はよろしく」

「OK。珍しいね、こんな早くから」

「まあね。ちょっと行きたい所があるんだ」

「では、行ってらっしゃい。お気をつけて」

ジェイの声を後ろに、航は外に出た。

空を見つめて、大きく息を吸った。久しぶりの散歩だった。動かなくても健康は維持できるし、スポーツをしなくても筋力をつけられる時代では、散歩をする人はほとんどいなかった。歩き始めると、車の中からの視線を感じた。自分が少し変わった人間に思われているかのようだった。それでも、外の空気は美味しかった。

五分ほど歩くと目的地に到着した。公園だった。冨八と純の三人で座った丘は、今は綺麗な公園となって整備されていた。

公園に入ると、まだ早いせいか、誰一人そこにはいなかった。公園内を見渡すと、滑り台や鉄棒があった。その隣に二つの三人掛けベンチがあり、高校時代は彼女とよくここでおしゃべりをした。ベンチに腰をかけると、深い息を吐き、冨八や純のことを思い出していた。

三分ほどだろうか、そこで座っていると、どこからか白いウサギが二匹現れた。そのウサギは空いている三人掛けのベンチの下に横たわり、それから起きあがって航のベンチの周りを一周した。

するとと、二匹のウサギは航の目をじっと見つめ、ゆっくりと公園の真中まで歩いていった。公園の真中で一度振り向き、またゆっくりとゆっくりと公園の外へ出ていった。その二匹の目は、まさしくあの二人の目だと感じた。

「冨八、純……」

航は二人の姿を思い描いた。ありえないことだと知りながら、ウサギの後を追いかけようとした。ちょうど立ち上がった時、足先に当った古い電子ペーパーが目に入った。拾い上げると、航はありえないはずの期待を擁き、その紙を広げた。


人はいつかは死んでしまうんだね。

僕らだって、それは悲しいよ。

でも、君と会えて嬉しかったな。

二人とも喜んでいるよ。

笑いのある人生を送ってね。
魂を込めた人生を送ってね。
感動・感謝のある人生を送ってね。
知恵のある人生を送ってね。
合言葉は笑魂感知。しょうこんかんち。

僕らは君を見守っているよ。
いいかい、君は孤独じゃないよ。
君が一番分かっているはずだよ。

君の生命には、たくさんの人々の
汗と涙が詰まっているんだ。
君の為に命を賭けた人もいる。
　だから、君は一人じゃないよ。

君が幸せに生きることは、
僕たちを生かすことでもあるんだ。
未来の人々を生かすことでもあるよ。

この世界をどうすればいいのか、
君に分かってもらえればいいな。
何を考えるべきか、
どんな人間になるべきか。
難しいけど、きっと君には分かるはず。

僕らは、
君がすごい人間だって知っているもの。
そう、君だよ。

君はすごい能力を持っているんだ。
まだ、君は気づいてないみたいだけど。

いやになることもあるだろうね。
辛くて苦しくて、すべてを
投げ出してしまいたいときもあるよね。
自分だけが
この世でもっとも不幸な存在だと、
思うこともあるだろうね。
そんな時は、立ち止まってみればいい。
君が成長するチャンスだからね。
時間をかけてゆっくりと。
周りが騒いだって、ほっとけばいい。
君自身が

答えを見つければいいのだから。
答えが見つかったら、
責任を持って突き進もう！

環境は変えられなくとも、
君自身は変われるはずだよ。
もうダメだと思う時こそ、
卑屈さではなく、情熱を。
嫌味ではなく、優しさを持とう。

喜怒哀楽ってあるじゃない。
生きているんなら、
あった方がいいよね。
君がどんな存在だとしても、

実在している実感が沸くはずだよ。

規則や法律を破った人は、
責任を取らなければいけない。
でも、その規則や法律が
間違っている時、
変えなければならない。
当然なことだけど、時として、
その当然なことが見えなくなるんだ。

ここにいる僕たちが知っていることを教えよう。
どんな時代も、
自己実現を果たす方法は簡単。
それは、目的と目標を決め

行動すること。そして何度も挑戦すること。
たったそれだけだよ。
僕らが出来なかったこと、君に出来るといいな。

君が
『一番大きいメロンを好きな大きさに切っていいよ。その分を君にあげるよ』
と言われたら、
どれ程の大きいメロンを、そして
どれぐらいの大きさで切るのだろう？

でも、多くの人は、
自分でこれくらいと
決め付けてしまうんだ。
せっかく自由なのに…。

食べきれないしとか、
好きじゃないしとか、
そんなことは聞いていないのに…。
残念ながら多くの人は、
「自由」というものに言い訳を用意し、
自分の置かれた環境に屁理屈を言う。
その思考が、常識となり
やがて君の想像力へも影響を与える。
しっかりした信念がなければ、
君の情熱まで悪者になってしまうよ。

だから、
大多数の人が、お店で売っている
普通のメロンを思い起こすとき、

自分のメロンを描き、自分の判断で切ることが出来るといいね。

人間の進化は、
僕達や君の
悩みと失敗が凝縮されたもの。

あなどってはいけないよ！
心が下を向きすぎると衝突し
心が上を見すぎると転んでしまうよ。
まっすぐ見て歩こう！

僕らはもう行かなければならない。
もうお別れの時間だね。
これからも辛いことがたくさんあるはず。

でも、その見えない先には必ず明るい未来がある。
まずは、君自身が未来を信じなければいけないよ。

僕らは君を
特別に大切な存在だと思っている。

君の人生。
大切にしてね。

僕らの応援歌が、君に届くといいな。

読み終えた航は、何かすがすがしい感じがした。そして、この手紙がただの落し物には思えなかった。航は、丁寧にその電子ペーパーを折りたたみ、自分のポケットへと入れた。
ベンチに座った航は、自分の人生について考えた。あれこれと考えた航は、呟いた。

「冨八は、国のために死に、純は正義を貫き死んだ。俺の人生は、どうやって終わるのだろう。俺には、冨八のような覚悟はあるだろうか？　俺には、純のような勇気があるだろうか？」

航は立ち上がりながら、言った。

「いかにして死ぬのかの信念があれば、いかに一生懸命生きなければいけないか、その道のりが見えてくるのだろう。怖いけど、目をそむけちゃダメだな」

「また、一から出直しだ。生きる執念が必要だ！　よし、がんばるぞ！」

自宅への帰り道、航は気合を入れた。

ふっと風が吹き、航の背中を押した。冨八と純が応援しているようだなと航は思った。

二匹のウサギは、航の背中を見つめた後、静かに公園に消えていった。

〈完〉

「伝説のスパイス」by ポーカルコム

http://www.spice-of-legend.com

主な活動

□ Business Strategy

見えざる時代を勝ち抜くためのビジネス講座。

特定の分野に限定されない役立つ情報。

□ サービス評価・分析・改善

お店や企業のサービスを改善し、売上向上を実現する。サービス評価・なりすましチェック・ライバル店調査など、他にも多数あり。

□ 業務支援サービス

マーケティングとITを中心に、業務支援を行なっている。企画・立案や動画製作など多彩。

□ 無料メールマガジン

「実録！サービスの現場」毎週火曜日

「限定！ビジネスDNA」平日毎日

□ この他に、"頭に刺激"をテーマにしたビジネス本紹介の「Brain Impact」やビジネスパーソンが寄り道できるサイト紹介の「82street」がある。

著者プロフィール

本多　正克（ほんだまさかつ）

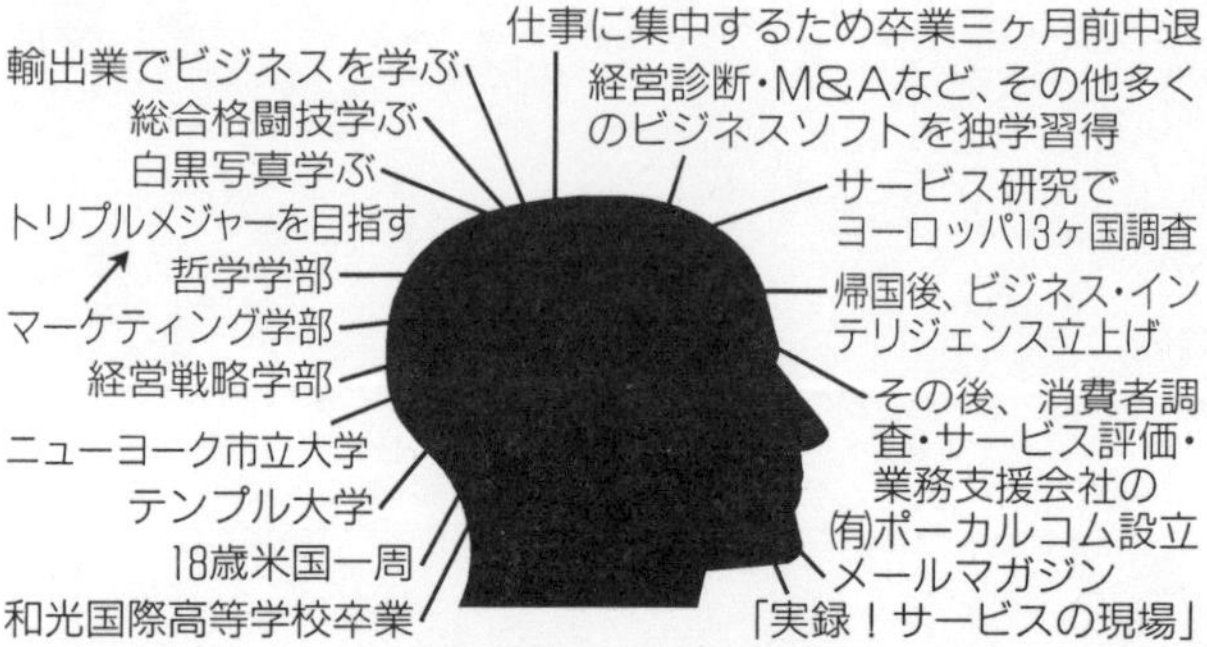

輸出業での仕入交渉を通し、サービスの重要性を認識。その後、海外のお店や会社を調査・研究し、見えざる時代のビジネスの在り方を提言している。

http://www.spice-of-legend.com
pocalcom@spice-of-legend.com

伝説のスパイス

2002年３月15日　初版第１刷発行

著　者　本多 正克
発行者　瓜谷 綱延
発行所　株式会社 文芸社
〒160-0022　東京都新宿区新宿1-10-1
電話　03-5369-3060（代表）
03-5369-2299（営業）
振替　00190-8-728265
印刷所　東洋経済印刷株式会社

ISBN4-8355-3121-3 C0095